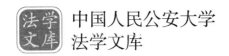

中国人民公安大学
法学文库

中世纪的法律叙事：
王国、城市与行会

ZHONGSHIJI DE FALÜ XUSHI:
WANGGUO CHENGSHI YU HANGHUI

康宁◇著

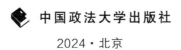
中国政法大学出版社
2024·北京

图书在版编目（ＣＩＰ）数据

中世纪的法律叙事：王国、城市与行会/康宁著.—北京：中国政法大学
出版社，2024.1
ISBN 978-7-5764-0256-8

Ⅰ.①中… Ⅱ.①康… Ⅲ.①法律－思想史－研究－欧洲－中世纪
Ⅳ.①D909.5

中国版本图书馆 CIP 数据核字(2022)第 005624 号

出 版 者　中国政法大学出版社
地　　址　北京市海淀区西土城路 25 号
邮寄地址　北京 100088 信箱 8034 分箱　邮编 100088
网　　址　http://www.cuplpress.com (网络实名：中国政法大学出版社)
电　　话　010-58908285(总编室) 58908433（编辑部）58908334(邮购部)
承　　印　北京中科印刷有限公司
开　　本　880mm×1230mm　1/32
印　　张　5.25
字　　数　132 千字
版　　次　2024 年 1 月第 1 版
印　　次　2024 年 1 月第 1 次印刷
定　　价　29.00 元

序言　中世纪的『面孔』

总有一些文字，可以让我们感受到已经逝去的时间。接下来的叙述尝试碰触欧洲中世纪的历史，哪怕仅是片段。

中世纪是什么？从词源学上看，英文单词"medieval"来自拉丁文"medium aevum"，又可英译为"middle ages"，中文直译则是"夹在不同的时代中间"。因此，中世纪实际是"世纪中"，这一范畴准确描述了时段性的特征。在地域空间上，它指涉以地中海为中心的欧洲文明，而对其他的地区并不适用。

一般认为，中世纪始于古罗马帝国灭亡的公元 5 世纪，终于近代文艺复兴、宗教改革、启蒙运动的兴起。此间的 1000 年，可谓横亘在古典黄金时代和近代产业革命的蓬勃兴起之间。这种具有极大开放性的定义，导致史学家笔下的中世纪出现了两张"面孔"：第一张"面孔"来自文艺复兴时期的反思与批判，彼时，思想的焕然一新，使过去的千年成为"站在两位魁梧巨人中间的矮子"，在启蒙思想家、革命家的笔下，中世纪意味着生活的艰难、智慧的匮乏、秩序的混乱，有悲惨的封建农奴，愚昧的神明裁判，以及残酷专制的封建领主，这些论断为现实的资产阶级革命打破、改变中世纪的旧制提供了支持；第二张"面孔"来自当代晚近史学家的多层次考察与建构，他们从考古、文学、艺术、司法的材料出发，在社会经济与民众生活的层面上重塑中世纪，一定程度上论证了中世纪社会的创造力，尝试为近代世界的诞生找寻要素性的根源。

无论在怎样的"面孔"下，有关中世纪法律制度的讨论都成为重要的维度。毕竟，作为欧洲两大法律产品的罗马法与普通法，前者发源于公元前，后者则诞生于中世纪。与此同时，关于国家、政体与基本权利的探索也在中世纪酝酿起来，而古典社会中的宗族、家族、氏族等血缘性社会组织关系在中世纪也开始瓦解，规章建制逐渐成为约束社会交往的纽带。也正是在这个意义上，我们选择英格兰、威尼斯以及作为重要社会组织形式的行会，进一步呈现中世纪的"面孔"。

与欧洲中世纪的许多其他地区相比，英格兰王国的法律制度起步较早且又别具一格——它并非通过专门意义上的法律变革与立法活动完成，而是来自法律实践整合的经验性积累。究其原因，多半归因于英格兰1066年已经达成的统一，且这种统一由外来征服者完成，这又导致实际统治权力难以克服的不彻底性。这种特殊的情形，使英格兰中央王权与地方习惯保有角逐与张力，多次自上而下的中央司法改革进程缓慢，"普通法"（Common law）之"普通"（Common），恰是道明了承认地方性法律习惯的基本史实。在这期间，王室法院体系以令状、陪审团、巡回审判等框架性的建制取代了决斗、神明裁判等地方性的审判方式，也将各地区的法律和习惯作为基础，丰富了法律体系的广度和深度。这一进程中的法律阐释、适用与创新，赋予普通法延续至今的生命力。

城市共和国可谓中世纪的特有国家形式，其佼佼者当属威尼斯。威尼斯位于亚得里亚海域的北部，东方与西方、陆路与海路在此汇集，这一优越的地理位置几乎使威尼斯成为地中海商路的心脏，它不仅是中世纪首屈一指的金融中心，也是连贯东西方的重要汇集点，马可波罗正是在此启程去往我国杭州地区。威尼斯像一个万花筒，不仅是各路奇珍异宝的汇集点，也是不同政治制度、文化甚至宗教信仰的聚集地。在这样得天独厚的地理条件下，威尼斯人在法律制度方面的创见也值得重视。它夹在东部拜占庭帝国和西部神圣罗马帝国之间，形成了商业实用主义而又坚持独立的共和国品格，它在国家建制、基本权利、法治运行方面的探索，为近代法律制度的诞生唱响了前奏曲。

普通民众社会生活中的规则与制度，呈现出中世纪法律的丰富性，其体现在手工业、商业的行会。传统视角对中世纪"祈祷的人"（教士）、"战斗的人"（骑士）、"耕作的人"（封建农奴）着墨较多，尤其将采邑庄园的分封建制作为中世纪社会生活的基础。的确，采邑庄园是古代罗马的"自由人-农奴"庄园制度和日耳曼军功分封制度的融合体，中世纪社会秩序依仗分封格局中的权利义务承担者各安其分。然而，这并不是中世纪社会生活的全部，手工业、商业行会的存在，无疑证明中世纪社会关系的多样性。手工业、商业劳动者凭借生产技能，一定程度上从封建庄园的耕作事务中分离出来，农业生产之外的中世纪职业劳动逐步稳定。尽管规模较小，但个体劳动者联合形成的职业行会已经突破了土地的束缚，开启了产品与资本生产的先河，而行会的规则与章程，则预示着职业手工作坊向近代工厂手工业迈进。

法律的叙事，也是不断澄清中世纪面孔的努力。关于"黑暗中世纪"还是"黄金中世纪"的分歧，也逐渐在轮廓不断清晰的过程中消匿。或者正如雅克·勒高夫所希望的，历史在变得更加学术化的同时，仍旧应当保持为一门艺术。关于中世纪的探索，更是一种之于艺术品的旁观与慨叹，如是而已。

目 录
Contents

图表目录

IIiustrations

第一编

王国的法:英格兰

法津碎片的系统化：格兰维尔与英格兰普通法的生成

一、普通法历史起点的"碎片化"元素

在社会发展的时间向度中，法律通过自我定义与整合的方式与他者作出区分。现代意义上的普通法，已至少在三个方面呈现出这种区分的完成形态：一是适用效力的排他性，普通法区别于地方性、权宜性的政策文件，法律权威在全国范围内得到认可；二是法律渊源的自洽性，普通法的判例和习惯形成独特的法律体系，有别于欧洲大陆的制定法传统；三是司法活动中的法官中心地位，尽管在理论上，普通法法官的司法活动并不创造和增加法律，实践中却发挥积极的主导作用。这种普通法系统化的图景，在英格兰国家的建立之初并不清晰，"普通法"一词甚至无法成为法律的代名词，英格兰王国的法律和习惯也体现出与诸种社会要素相交织的"碎片化"形态。但是，纵观11世纪到13世纪的英格兰法律发展，已经不难发现统一中央集权式的司法组织，以及法官主导的、经验理性的法律发展模式。可以说，一部普通法的发展演进史，就是一部整合碎片化元素，同时提高法律系统化程度的历史。

探索这一进程，应当回到普通法生成的历史起点，也就是英格兰早期法律职业者的时代。时任英格兰王座法院首席法官拉努尔夫·德·格兰维尔（Ranulf de Glanvill）可以为我们提供基本的线索。格兰维尔生活的年代，正是英国法律制度由分散走向统一的历

史大变革时期。格兰维尔出生的 1130 年，是诺曼公爵威廉征服后的第 62 年，格兰维尔的父亲还在刚刚结束的史蒂芬乱政中身居要职。1154 年继承王位的亨利二世，为了尽快结束内战造成的混乱局面，进行了一场自上而下的司法改革，格兰维尔有幸参与了这场划时代的改革。1164 年，年轻的格兰维尔担任约克郡郡长，此后历任里士满城堡长官、兰开斯特郡郡长、威斯特摩兰郡郡长，并在 1174 年抵抗苏格兰入侵的战役中戎马上阵，活捉苏格兰国王威廉一世，深得亨利二世的信任。1176 年，格兰维尔被任命为王座法庭（Curia Regis）的法官，4 年后荣升首席法官。纵观格兰维尔 30 年的职业生涯，其在内政参议、司法审判、外交访问、平定叛乱等方面均有建树。只是，亨利二世的继任者狮心王理查德一世醉心十字军东征，格兰维尔也在十字军东征的途中染疾身亡。

建立初期的英格兰王国行政体系与其他社会力量分庭抗礼，多种法律元素同时存在。经历了贵族叛乱以及宫廷内部的夺嫡之争，英格兰的政治环境终于在亨利一世时期平稳下来，只不过各种社会力量之间仍是暗流涌动。享有军功的贵族领受了封赏，回到各自的庄园专理内务，开始得心应手地驾驭本地的社会生活，领主法院、市镇法院、郡法院和百户法院构成了英格兰地方缤纷多样的法律单元，且尚无严格的管辖权规则来决定每一个纠纷必须诉诸哪一个法院。至少在 1150 年以后，稳定的国内环境使国王统一法律、财务和行政的能力同时强大起来了。1164 年，亨利二世颁布《克拉伦敦宪章》（Constitutions of Clarendon），力图通过财务署、巡回审以及王座法院的建立，抗衡地方贵族的力量。[1] 与此同时，英格兰本土的

---

〔1〕 参见程汉大、李培锋：《英国司法制度史》，清华大学出版社 2007 年版，第 29 页。巡回法庭起源于中世纪早期的法兰克王国，11 世纪随诺曼人传入英国。从威廉一世到亨利二世的英国君王，都派遣亲信执行行政、财税以及司法的管理，避免因路途遥远无法获得权利救济的情形。由于格兰维尔的论述集中于王座法庭的职能，几乎没有涉及巡回法院，故本书不作展开。

法律元素还要面对罗马法、教会法的强大解释力和适应性。12 世纪还是西欧古典文化的复兴伊始,商业生活的兴起、《国法大全》在博洛尼亚的重现,使人们的思想和行动活跃起来。罗马法的研究与应用成为知识群体的风尚,欧洲各地的年轻人蜂拥至意大利,将所学的内容带回自己的国度。英国虽有海峡之隔,却没有在这次法律洗礼中置身事外,返回英格兰的智识精英开始运用所学言传身教。[1]汲取罗马法精髓的教会法律制度也统辖英格兰的婚姻、继承等领域,通过教会学校的基础教育、教会组织对社区生活的影响,教会的审判受到普通民众的认可。职之是故,英格兰还没有形成统一适用于全国的法律体系,司法权分散在各地公共法院和贵族领主的封建法院中,审判方法采用的是原始的神判法和决斗法。摆在格兰维尔和王座法院面前的现实问题,就是"碎片化"的法律元素怎样进行整合的难题。

二、法官主导下的法律系统化工程

格兰维尔出任法官之日,正值亨利二世司法改革的晚期和普通法初步成形之时。亨利二世已经从改革司法审判方式入手,启用了司法令状制度和理性的陪审制,逐步将司法权集中于王座法院手中,试图推动司法专业化、职业化以及法律统一的过程。但是,面对多元且变动的社会力量,持有"王座法官"这一名分的格兰维尔仍旧面临现实的冲突——如何在满足"国王所好"的同时,妥善处理各地自持的既有法律和习惯。一方面,他爱戴国王又深受赏识,认为亨利二世不仅是宽厚仁和的君主,还是最高正义主持者;另一方面,他是虔诚的基督徒,受过良好的古典学训练以及法学教育,出身地方领主且熟知地方习惯。本来,始建于亨利二世时期的王室法院就

---

[1] See Neal W. Allen, "Book Review: The Treatise on the Laws and Customs of the Realm of England", *The American Journal of Legal History*, Vol. 10, No. 2. , 1966, p. 182.

是个新组织，虽然意指"君主面前、国王面前的法院"，却并未拥有更加广泛的诉讼管辖权，不可避免地需要领主、市镇、教会等势力的协作。[1]好在格兰维尔具备一名优秀法官的基本素质：第一，毫无偏私、刚正不阿的职业道德，使他将司法裁判的一致性和公正性作为解决诉讼纷争的基础，不因贫富和地位的差距而枉法裁判；第二，他在"自我节制、智慧和口才方面过于常人"，熟知教会法、罗马法以及英格兰的社会习惯，具备圆融无碍的政治成熟和法律素养。[2]很快，格兰维尔开始白手起家地梳理属于英格兰王国的法律。

法律系统化的工程，借此转化为法官们现实导向的法律操作。在个案审理、分析、归纳和总结的过程中，格兰维尔首先为管辖权的并存和冲突寻找方案。可以肯定的是，诉讼的每一方当事人，都愿意选择一个可能获得有利和效力恒定的判决的法院。[3]为了使王座法院的法律在众多地方性法律与习惯中脱颖而出，王座的管辖权限、诉讼方式以及裁判结果必须在实践中取得优势，进而争取诉讼参与人的选择。但是，作为差不多首批的王座法官，格兰维尔和同事们几无现成的依据可以遵循，只凭丰富的生活履历和敏锐的观察视角自行总结。面对教会和领主的司法权限，王座法官无法迅速直接地招揽案源，而只能如巧匠一般，在解决实际纠纷的过程中定下成例。筛选和积累法律习惯的过程毕竟开始了，"亨利二世的法院每天都像是学校"[4]，"老师"就是司法实践本身。格兰维尔与同

---

〔1〕 参见程汉大：《西方宪政史论》，中国政法大学出版社2015年版，第210页。

〔2〕 See Ralph V. Turner, "Who Was the Author of Glanvill? Reflections on the Education of Henry II's Common Lawyers", *Law and History Review*, Vol. 8, No. 1., 1990, p. 102.

〔3〕 参见泮伟江：《一个普通法的故事：英格兰政体的奥秘》，广西师范大学出版社2015年版，第34-35页。

〔4〕 ［英］约翰·哈德森：《英国普通法的形成——从诺曼征服到大宪章时期英格兰的法律与社会》，刘四新译，商务印书馆2006年版，第167页。

事们签发一封又一封规范的令状，处理一桩又一桩具体的案件，缓缓推介王座司法的影响力。当这样的做法遇到困难，他又借用罗马法、教会法的知识进行论证。近20年的法律实践和切身体会，使他对普通法的技艺理性特点了如指掌，从而成就了《论英格兰王国的法律和习惯》这部名著。[1]该书既成为了一本优秀的法官从业教材，又被作者谦和、温婉的文风赋予了可读性。从此，任职英格兰的法律工作者有了可资查阅的工作指南，格兰维尔一代法官们所秉持的实用性法律思维和技巧也被确立起来了。

格兰维尔以"国王安宁"（King's Peace）确立起王座法院对部分案件的排他性管辖权，又以"领主无法主持公道"的标准进一步加以拓展。格兰维尔采用清单式的列举方式，主张王座法院管辖弑君、叛乱、煽动、欺诈、杀人、纵火、抢劫、强奸的犯罪以及其他危害"国王安宁"的行为，同时受理"领主无法主持公道"的案件。其中，"安宁"的观念早在盎格鲁-撒克逊的时代已经深入人心，凡英格兰自由人皆享有"安宁"，"国王安宁"则包括国王的身心、王室的成员、王的居所和道路等内容。扰乱社会秩序就是侵害了"国王安宁"，也就构成了启动"国王之诉"的理由，当然应由

〔1〕　See Ralph V. Turner, "Who Was the Author of Glanvill? Reflections on the Education of Henry II's Common Lawyers", *Law and History Review*, Vol. 97, No. 8. , 1990. 有学者对《论英格兰王国的法律和习惯》一书的作者提出过异议。英国历史学家约瑟夫·亨特（Joseph Hunter, 1783-1861）认为可能是格兰维尔的儿子威廉·德·格兰维尔，普通法学家梅特兰（Frederic William Maitland）则认为是格兰维尔的侄子休伯特·瓦尔特。本书问世后不断被传抄、再版、注解，并被翻译成多种文字。主要版本有 Ranulfo de Glanvilla, *Tractatus de Legibus et Consuetudinibus regni Angliæ*, Londini, 1780; John Beames, *A Translation of Glanville : To Which Are Added Notes*, A. J. Valpy, 1812; G. D. G. Hall（ed.）, The Treatise on the Laws and Customs of the Realm of England, Commonly Called Glanvill, Nelson, Selden Society, 1965; Ranulfo de Glanville, John Beames& Joseph H. Beale, A Translation of Glanville, John Byrne & CO. , 1900. 参见［英］拉努尔夫·德·格兰维尔：《论英格兰王国的法律和习惯》，吴训祥译，中国政法大学出版社2015年版。

王座法院加以审理。实际上，是否真正危害了"国王安宁"，以及危害"国王安宁"的具体程度皆不重要，只要存在危害的可能性，就构成王座管辖和受理的事由。至于"领主无法主持公道"的标准，则为主张权利的当事人寻找另外的救济途径提供了口实，本应属于领主管辖的案件同样可以诉诸国王的法院。"国王安宁"和"领主无法主持公道"像是王座管辖权的"双重保险"，把本属于地方管辖的过错和犯罪行为并入了国王的法院。这样，管辖权的模糊界限逐渐变得明朗，王座法院总能通过灵活的解释而取得胜利。对诉讼参与人而言，只需声称"国王安宁"的秩序遭到破坏，就能把被告送上王座的法庭。与地方性的法律和习惯相比，王座逐步取得终极性的权威，为法律在全国范围内的统一适用奠定了基础。

当然，限于彼时的财力、人力资源，这种管辖权的统一不得不做出让渡。毋庸置疑，领主、市镇和教会能够承担维持地方秩序的重要职能，但王座法院仍需在实践中承认不同法院管辖权的范围及差异。在《论英格兰王国的法律和习惯》的写作过程中，格兰维尔对领主和市镇法院审理市民户籍、农奴身份的权限加以认可，也在涉及继承、婚姻、遗嘱等问题的案件中，承认了教会法庭的公信力。领主及于封臣的管辖具有更大的独立性，凡领地内的财产、税款和继承争议，王座法院也大都置身事外。只要各地的习惯法不与王室法令相抵触，市镇、领主法院的裁决仍然具有效力，领主可以在"没有令状和指令"（sine breui et sine precepto）的情况下，受理附属民的各种请求并开庭审案。[1]

管辖权让渡的遗憾，以法院体系的完善而获得弥补。对此，格兰维尔积极支持王座法院建立地方体系，同时扩大巡回法院和郡法院的判决影响力，强化对地方领主法院的监督。首先是巡回法院崛

---

〔1〕 See S. F. C. Milsom, *The Legal Framework of English Feudalism*: *The Maitland Lectures Given in* 1972, Cambridge University Press, 1976, p. 26.

起成为王座法院系统的第一审级。巡回法院来自诺曼人传统行政管理的习惯，真正司法意义上的巡回法院确立于亨利二世时期。1175年的英格兰被划为四个巡回区，1176年《北安普顿法令》（Assize of Northampton）将巡回区调整为六个，同时成立巡回法院巡回审理本区的案件。[1]根据格兰维尔的描述，这些巡回法院被国王称为"我的法院"，且在当事人证明领主法庭"拒绝"或者"无力"主持正义的情况下，巡回法院即可受理并作出裁判，还可以呈送案件至王座法院。[2]另外还有对郡法院的改造，地方司法单元正式向王室体系靠拢。格兰维尔尤其利用了郡长制度的微妙变化。12世纪以后，曾经由领主亲信世袭的郡长职位，已逐步由国王宠臣垄断，格兰维尔自己也曾因此做过郡长。[3]经过改造之后的郡法院成为王室的地方代言者，不仅如此，王室法院系统的高效率和稳定性，令其他诸如教会法院、市镇法院等的地方审判机构"门前冷落"。根据格兰维尔的记载，大量涉及教会法庭职权的僧俗之争案件、圣职推荐权纠纷以及涉及侵害地产、道路或者城市和乡村安全的案件等，开始并入国王法院系统的审判实践。[4]这是一种悄无声息的"蚕食"，地方法院失去了抵制中央管辖的力量，王的法院内部分化为层级式的诉讼体系，同时成为其他诉讼的复议渠道和上诉审级。地方的司法活动受到调查，中央集权的司法体系应运而生。

　　令状制度帮助格兰维尔巩固了王座法院的既有改革成果。普通法学者密尔松有言，对格兰维尔来说，令状就是法律仪器上的实用

---

〔1〕　参见程汉大主编：《英国法制史》，齐鲁书社2001年版，第64页。

〔2〕　参见［英］拉努尔夫·德·格兰维尔：《论英格兰王国的法律和习惯》，吴训祥译，中国政法大学出版社2015年版，第68页。

〔3〕　参见于明：《司法治国——英国法庭的政治史（1154-1701）》，法律出版社2015年版，第96页。

〔4〕　参见［英］拉努尔夫·德·格兰维尔：《论英格兰王国的法律和习惯》，吴训祥译，中国政法大学出版社2015年版，第55页。

配件。[1]的确，令状原是国王针对具体案件发出的信件式行政命令或通知，诺曼时期开始用于司法工作，正是自格兰维尔的时代起，司法令状成为诉讼常规的状态。《论英格兰王国的法律和习惯》一书共有 14 个章节，每章收录数量不等的经典司法令状，涉及地产占有、返还新侵占地、圣职推荐、追偿债务、结算财产、纠正错案、指令出庭等各类事项。当事人可以向国王申请司法令状，一说需要支付若干的申请费用，可以增加王座法院的收入。[2]单就外观而言，令状是一张狭窄呈条形的羊皮纸，开篇会有国王的问候语，如"国王问候郡长""国王问候主教"等——名为"问候"，实则发挥诉讼指向性的功能。末尾都有主办法官的落款签名，也就是"副署人"（Witness）。内容采取国王的口吻，列举法庭的命令、诉讼争点、令状执行人、具体义务的履行人和权利享有人、执行的时限和地点等。由于加盖了国王的印玺，司法令状具有强制执行的效力，一经发出，必须"立即不得拖延"地执行完毕。当事人只能遵照令状的指示完成任务——比如应采取什么方式向国王法庭起诉，如何传唤被告出庭，遵循什么程序进行案件审理等。无视或者违抗国王的令状就以"藐视王权罪"论处。[3]例如，格兰维尔引用的下面这一则令状：

　　国王问候郡长健康。我命令你指令 A 不迟延地将位于某村的一海德土地归还于 B，因为 B 诉称该土地系由 A 自他处非法强占而得。除非他听从你的指令，否则派精干的传讯官将他传唤至我或我的法官面前，于复活节后第八日，于某处，说明他不听从指令的理由。

〔1〕 S. F. C. Milsom, *The Legal Framework of English Feudalism: The Maitland Lectures Given in* 1972, Cambridge University Press, 1976, p. 2.
〔2〕 参见程汉大主编：《英国法制史》，齐鲁书社 2001 年版，第 69 页。
〔3〕 参见高鸿钧、李红海主编：《新编外国法制史》（下册），清华大学出版社 2015 年版，第 81 页。

我命令你派遣传讯官并执行此令状。副署人拉努尔夫·德·格兰维尔,于克拉伦敦。[1]

令状的内容固然具有个别性,但是经过王座法院的备案和整理,其所涉及的事项也有了一般性的指导意义。[2]当然,令状名义上出自国王,国王却不会亲自书写或发出令状,只将司法的事务委托给自己的王座法院,王座法院的法官就成为实际的撰写者和发出人,令状也成为终结诉讼的权威指示。不难发现,格兰维尔会根据司法过程中的不同情境和争点,从诉讼中的细枝末节中分出精炼的语言,最终写成规范化、简约化的令状,使之成为鲜活的法律示范。在《论英格兰王国的法律和习惯》中,格兰维尔还对每则令状的签发、适用做出了详尽的说明。令状还必须指定被告应诉的法院,起到管辖权确定书的作用。[3]凡遇国王相关的事项,地方法院必须得到令状的授权,否则不能受理。1180年前后,官方整理令状的活动开始了,法官和当事人已经可以按图索骥,参照现有的令状进行起诉。当时,经常参与诉讼的当事人或者拥有大量财产的教堂,都会有一册《令状汇编录》,即一种令状格式的汇集,法律通过令状的适用慢慢积累。[4]不可否认,各种法院就这样有效地协调起来了。

---

〔1〕 参见〔英〕拉努尔夫·德·格兰维尔:《论英格兰王国的法律和习惯》,吴训祥译,中国政法大学出版社 2015 年版,第 5 页。

〔2〕 参见〔比〕R. C. 范·卡内冈:《英国普通法的诞生》,李红海译,中国政法大学出版社 2003 年版,第 39 页。

〔3〕 参见〔英〕S. F. C. 密尔松:《普通法的历史基础》,李显冬等译,中国大百科全书出版社 1999 年版,第 25 页。

〔4〕 参见〔英〕S. F. C. 密尔松:《普通法的历史基础》,李显冬等译,中国大百科全书出版社 1999 年版,第 32 页。

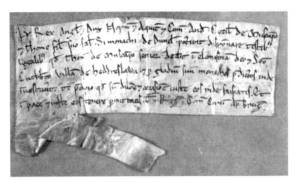

图1　亨利二世令状 ［Writs of Henry II (1154-1171)］[1]

与此同时，大陪审制（the Grand Assize，一译大咨审团）的推广适用，使王室法院的理性证据制度战胜了地方领主法院的神明裁判和决斗，并最终赢得了民心。大陪审制确立于1164年的《克拉伦敦宪章》，形式是召集本地12名骑士或自由人到庭宣誓，以确定被告罪名能否成立，其适用范围仅限于王座法庭和郡法院。这是一种理性的证据认定，同时兼具审判制度的特点。起初，大陪审制不像早已有之的神判法和决斗法受公众欢迎，王座法院也没有贸然废止神判和决斗，故而三种审判方式交由当事人自由选择：或者选择沿用神判和决斗的领主法院，或者选择适用大陪审团的王座法院。为了推广自己法院的审判方式，吸引更多前来申诉的当事人，格兰维尔不乏大段赞美的言辞：

> 大咨审团是国王赐给人民的恩惠，它源于陛下的仁慈和臣子们的建言。这种诉讼方式对于保全人民的生命和生活状况是如此的富于功效，以至于每个人如今都能安全地维护自己的权利，同时也能免除决斗所带来的始终存疑的结果。……作为惩罚而降临的令人始

---

［1］　档案资料来源 http://community.dur.ac.uk/medieval.documents/documents.htm 最后访问日期：2022年12月5日，原档案来自杜伦大教堂。

料不及的早逝得以避免；至少能使恶人们免于毁损名誉的耻辱，以及加诸战败者身上的肮脏下流的词汇。……恰恰是正义，在我们经历了决斗裁判中那漫漫无期的拖延之后，倘若还残存着一丝半点的话，已是那么难以获得。藉此，人们的劳动与穷人的开支得以节省。同时，凭借诸多可靠见证者的证词，这种制度远远胜过决斗中的一面之词，能比后来者带来多得多的衡平。[1]

诚哉斯言！大陪审团诉讼彻底胜出。大陪审团采用"同侪审理"（Trial per Pares）原则，即由当事人同一社会等级的人组团认定证据并进行裁断。陪审员意见一致即可定案，如果不一致，则须另选陪审员，直至12名陪审员意见完全一致为止。为此，陪审员须是德行优良、没有犯罪记录的当地合法居民，还须是自由土地保有者（有能力为他们的错误裁决赔付罚金）。[2]陪审员不可以是任何一方的亲属或好友，以免亲亲相护。显而易见，陪审制比神判和决斗更为理性和公正，因而吸引越来越多的当事人将案件投诉于王座法院。地方法院的审判方式相形见绌，开始了在形式上主动模仿王座法庭诉讼方式的进程。[3]

在梳理英格兰本土法律和习惯的过程中，格兰维尔没有忽视罗马法、教会法的碰撞和补充。在格兰维尔的字里行间，罗马法和教会法终究是外来法。教会法和罗马法的内容固然权威，可是总结并使用本土的习惯更加紧要。所以在大多数的情况下，本土的习惯与外来的法理可以同时在格兰维尔的脑中浮现，并最终倾向于前者。比如原著第7卷，格兰维尔思考"非婚生子继承父亲财产"的问题并认为，即便

---

〔1〕 参见［英］拉努尔夫·德·格兰维尔：《论英格兰王国的法律和习惯》，吴训祥译，中国政法大学出版社2015年版，第32页。

〔2〕 参见程汉大主编：《英国法制史》，齐鲁书社2001年版，第82页。

〔3〕 See Norman F. Cantor, *Imaging the Law: Common Law and the Foundation of the American Legal System*, Harper Collins Publishers, 1997, p. 62.

教会法和罗马法承认当事人的继承资格，根据英格兰王国的法律和习惯也不予认可。[1]不过，如果本土法律和习惯偶遇适用不能的窘境，格兰维尔也会主动寻求罗马法或者教会法。[2]他对优士丁尼的《学说汇纂》了然于心，诸如契约、地役、留置、抵押、占有、合伙等术语，直接引自罗马法。正如普通法学者约翰·哈德森所言，在格兰维尔（指《论英格兰王国的法律和习惯》）中，……辩论的组织和某些术语以及修辞艺术显示出了罗马法所产生的影响。[3]这种融通与论证的过程，将实务中的点滴梳理凝成有力的理论体系。

诉讼审判的体系化、令状程序和陪审制度，对审判活动参与人提出了更高的要求，专司法律的人士应运而生。理论上讲，领主们不仅要主持本地法院，还要在陌生的王座法院频频应诉。为了保护自己的利益，各地的贵族领主需要尽量熟悉诉讼制度之下的各个环节，这显然是一项沉重的负担。久而久之，各领主开始抽调专门人员代其出席法庭并参与诉讼，他们每次派一名代表如管家去出席审判。[4]在格兰维尔看来，这种代言人与当事人实现了法律上的"共同进退"（put in his place to gain or lose）。无论在王室法庭还是在其他的法庭，人们都可以委托他人与自己"共同进退"甚至代替自己，"共同进退"的人就是"辩护士"（Attorney/Pleader）即律师。[5]职业的律师在法庭上表现突出——他们成了法律的专家，为法律的

---

〔1〕 参见［英］拉努尔夫·德·格兰维尔：《论英格兰王国的法律和习惯》，吴训祥译，中国政法大学出版社 2015 年版，第 101 页。

〔2〕 See Thomas Edward Scrutton, "Roman Law in Glanvil", *The Influence of the Roman Law on the Law of England*, Cambridge University Press, 1885, p. 75.

〔3〕 ［英］约翰·哈德森：《英国普通法的形成——从诺曼征服到大宪章时期英格兰的法律与社会》，刘四新译，商务印书馆 2006 年版，第 161 页。

〔4〕 参见［英］S. F. C. 密尔松：《普通法的历史基础》，李显冬等译，中国大百科全书出版社 1999 年版，第 6 页。

〔5〕 参见［英］拉努尔夫·德·格兰维尔：《论英格兰王国的法律和习惯》，吴训祥译，中国政法大学出版社 2015 年版，第 157 页。

事务疲于奔命，并以此谋生。技能的习得有着多种渠道，其中旁观法庭本就是免费学习的机会。最初作为当事人、陪审员或者旁听者的参与人，后来成为职业律师，甚至最终成为法官。格兰维尔的父亲曾以骑士身份连续 50 年参加郡法庭和百户法庭，格兰维尔初识法律的时候还是一名毛头小伙子。有的当事人还十分青睐诉讼活动的戏剧化表现，将其视作日常的消遣。[1]

同时期的法庭文书业务也越发复杂。从王座法院、巡回法院到地方法院，都有大量的文件需要签署、令状需要记录、判决需要拟定、契约需要公证、诉讼主张需要写明，已经认可的封建习惯要有备案，移送之后的案件要有卷宗。地方领主的法院也负责制作大多数相关的诉讼文件，尽管不愿记录自己败诉的案件。总之，文书记载的重要性引起人们的重视，文书的内容也如同商业簿册一般明晰，并在当事人和各类法庭之间流转。王座法庭的努力，带动常规化的法庭事务融入了英格兰的社会生活，也正是在格兰维尔之后不久的 13 世纪，英格兰闻名遐迩的会馆式法务培训成型了。[2]

三、在碎片化与系统化之间：普通法的分化

12 世纪的英国法律制度开始发生系统性的变化。作为英格兰近乎第一代的法律职业人士，王座法官格兰维尔参与这一进程并起到关键性的推动作用，《论英格兰王国的法律和习惯》也成为英国普通法理论的开山之作。尽管我们不掌握久远到这个时代的司法档案，但"我们有了格兰维尔的著作也就不需要其他的证据了"[3]。13

---

[1] See Ralph V. Turner, "Who Was the Author of Glanvill? Reflections on the Education of Henry II's Common Lawyers", *Law and History Review*, Vol. 8, No. 1., 1990, p. 110.

[2] See Phyllis Allen Richmond, "Early English Law Schools: The Inns of Court", *American Bar Association Journal*, Vol. 48, No. 3., 1962, p. 254.

[3] [英] 马修·黑尔：《英格兰普通法史》，史大晓译，北京大学出版社 2016年版，第 98 页。

世纪中叶，王座法院适用的、效力高于地方习惯的英格兰常用法律正式得名"普通法"（Ius Commune）。从此，普通法从繁芜庞杂的地方习惯中"分化"出来，英格兰的法律体系与传统走上了独立发展的道路，也与其他的国家分道扬镳。

碎片式法律要素的框限，构成普通法分化之前的英格兰先在法秩序。我们看到，由于英格兰特殊的历史背景，格兰维尔之前的王座法律和习惯只是众多社会法律习惯的一种，实际效力也不存在较大的悬殊。从《论英格兰王国的法律和习惯》记载来看，这种局面令身居王座法院的格兰维尔绞尽脑汁。但是，除了采取制度创新和效率竞争的手段，似乎别无他途。根据书中的记载，格兰维尔对"国王安宁"的扩张解释是谨慎的，他签往地方的令状是恭敬的，隐藏其中的实为格兰维尔对英格兰王国最早法律和习惯的梳理，体现为王座法院更加持久、稳定和终局的判决，帮助陪审制诉讼取得了排除神明裁判和决斗司法的胜利——这就是法律体系逐步清晰的过程。在整合地方法律和习惯的过程中，曾经碎片化的先在法律秩序渐渐衰落。至少从格兰维尔开始，英格兰的法律便与这个王国的整体性规则有了直接的关联。

普通法分化的进程受到外部环境的干扰，进而保留了体系上的开放性特征。即便有格兰维尔苦心孤诣的整合工作，法律体系仍然附属于政治体系，格兰维尔本人首先是国王的侍臣，其次才是专业的法官。一方面，亨利二世极力推动的中央集权改革，其本意也在于王室统治权威整体的提升，法律的系统化更像是其中意外的收获。另一方面，王权的确能够为法律的实施提供保障，却不足以令地方领主言听计从。领主法院、郡法院、教会法院、百户法院等传统地方法院尽管不断边缘化，仍旧在小额诉讼标的审判中占据市场，其维持社会秩序稳定的积极作用始终得到王室的认可。这种力量角逐的外部环境，在普通法诞生的初期预留了足够的发展空间——普通法可以成为王室扩展权力的令牌，也可以为地方领主的利益保驾护航。正因如此，尽管格兰维尔时代的法律体系尚不健全，但法庭文书、法律逻辑还有诉讼程序的足够稳定，会使英格兰法的理论与实务自成一体。结构、精神和语言上的高度专业性，可将司法与王权逐步剥离成两个彼此分立的领域。法律实务需经专业训练和有经验积累的人才能掌握，国王很难在技术的层面染指司法，除非借用行政的强力。这种"王室法庭的专业化，法官群体的职业化，诉讼业务的增长，普通法程序的复杂化与国家治理'去个人化'"，"都使国王逐渐放弃了通过'身体力行'来强化司法控制的期待。"[1]15世纪以后，国王不再出席王座法庭的审判，昔日国王司法的象征彻底蜕变成单纯的普通法法院，法律系统的分化也最终得以完成。

普通法的系统性与开放性，成就了法官技艺理性（An Artificial Perfection of Reason）的普通法心智。亨利·梅因提醒我们，司法判决中的现实考量是生成法律的基本前提。[2]的确，如果在梅特兰的研究中，亨利二世时代的英格兰完成了"削弱封建领主权利的一次集中且成功的努力"[3]，但是对格兰维尔这位亲历者而言，这样的成功尚且是法官实务之中寻求平衡的"权宜之计"。格兰维尔的法律揣摩与权衡，如同一项技能的训练，是依靠长时期的专业学习、实践训练和经验积累而获得的特殊理性，且"对于未经专门法律培养的人们来说，此种技艺的语言太难懂了。"[4]虽说格兰维尔并没

---

〔1〕 于明：《司法治国——英国法庭的政治史（1154-1701）》，法律出版社2015年版，第235页。

〔2〕 参见［英］梅因：《古代法》，沈景一译，商务印书馆1959年版，第41页。

〔3〕 F. Pollock, F. Maitland, *The History of English Law Before the Time of Edward*, Vol. 1, Cambridge University Press, 1923, p. 136. 转引自于明：《司法治国——英国法庭的政治史（1154-1701）》，法律出版社2015年版，第94页。

〔4〕 ［美］本杰明·卡多佐：《司法过程的性质》，苏力译，商务印书馆2011年版，第1页。

有明确提出和使用"技艺理性"这个概念——这个概念直到 17 世纪初才由柯克大法官提出——但技艺理性的思维方法贯穿于他的著作始终。按照柯克的解释，技艺理性"需要通过长期的学习、观摩和实践经历才能获得，它并非每个人都拥有的自然理性，因为没有人天生就是技艺理性者。这种司法理性是最高的理性。因而，即使将所有分散在众多人头脑中的理性汇集到一个人的头脑中，他仍然不能制定出像英格兰这样的法律，因为在一代又一代人连续继承的漫长岁月中，英格兰法得到了无数严肃认真、博学之士的反复锤炼，通过长期的实践才获得了这种完美，用于治理这个王国"[1]。正是自格兰维尔之后，每逢遇有法律歧义或疑难，法官的抉择不会离开具体情境和基础材料的分析而到逻辑理性中去寻求答案。这种从经验累积到法律提炼的实务技能，最终成为普通法司法活动的"一般模式"（adopting intentionally a commonplace style）。[2]技艺理性成为英国法律人习以为常的思维方式，从而成为普通法的一个鲜明特点，与流行于欧陆国家的逻辑理性思维方式相映成趣。

　　无论如何，普通法的法律体系与思维方式伴随着格兰维尔以及他的理论著述，已经在英国扎下了根，并得到了后世法学家和法律人的普遍认可。它的系统性与开放性已经成为包括美国在内的普通法系智慧的象征，并经由法官之手不断地丰富着现代法治的内涵。

（原文发表于《北京大学法律评论》2017 年第一卷

（总第 18 辑）略有修改）

---

　　〔1〕　Steve Sheppard ed. , *The Selected Writings and Speeches of Sir Edward Coke*, Indianapolis, Liberty Fund, 2003, Vol II, p. 710.

　　〔2〕　See Neal W. Allen, "The Treatise on the Laws and Customs of the Realm of England", *American Journal of Legal History*, Vol. 10, No. 2. , 1996, p. 183.

从太平绅士到兼职法官：
王国治安法官的发展道路

　　源远流长的英国法官制度，始于英格兰王国中世纪的法律变革。

　　当代英国以法官职业化为主体、辅以非职业法官的既有司法体制，为各国司法体制的完善提供了生动的实证参考。古代英国，由郡法院、百户法院和领主庄园内部的习惯法院共同建立起了地方公共法院体系。这些法院分散各地，由非专业法律人士的社会贤达、开明乡绅和庄园管家进行司法活动，可行性极高，是解决社会冲突的主要途径。威廉公爵诺曼征服之后，在保留并适用旧有地方习惯法的同时，不仅确立了国王和地方领主的隶属关系，还保障了地方领主充分的政治、经济、司法等特权。于是，国王时常局限于"封建主"的身份只对其直属领地行使权力，对不同领地内的司法权则无权过问。这时，松散的地方法院成为主要的司法机构，而司法裁判的人员都不能算是专门的司法人员，成为英国非职业司法的最初尝试。

　　12世纪前后，亨利二世自上而下进行司法改革，建立起普通诉讼法院、王座法院、财务法院和巡回法院等强大的中央法院系统，英国的法官的职业化开始起步。与此同时，司法资源的有限性凸显出来。一方面，随着早期地方司法开始呈现衰退趋势，在中央与地方之间出现"司法空白地带"，这令中央司法权"鞭长莫及"。碍于这种局限，地方案件时常无法得到及时审理。为等待国王的巡回法院，犯人可能被地方监狱关押长达半年而不能得到审理。另一方面，统一的司法体系促进了普通法的形成，却也将诉讼程式刻板化。在日常生活中，小额民事纠纷的解决总要付出高昂的讼费和时间代价。为了巩固刚建立的中央司法权，兼顾司法资源在地方的有效性，国王试图以新的地方行政、司法代理机构接管社会治安以及小额民间纠纷的管辖权，将中央与地方的司法体系衔接起来。

早在 1195 年，理查德一世提名若干绅士作为"安宁的守卫者"，此后，国王经常在各郡将若干骑士和绅士委任为"治安维持官"。1327 年，爱德华二世颁布法律确立了治安维持官的合法性。1344 年治安维持官被授予司法审判权。1361 年，16 岁的爱德华三世即位初期，适逢英法百年战争，中央财政困难，王权相对单薄，国内治安较差，英王对地方的控制力不从心，颁布诏令"在每个郡委托善良守法之士维护国王和平"。从此，治安维持官正式更名为"治安法官"。都铎时期，治安法官成了"杂役男仆"，有效地调和了中央与地方行政、司法的矛盾和冲突。

作为"和平使者"的治安法官，是"国王和平"之下政治法律体系的有机组成部分。起初，"国王和平"（King's Peace）仅限于一定地域范围之内的国王人身安全。随着王权的扩张，"国王和平"不仅扩大到国王能够意识到的范围，还强调对国王指定的特定人和物的保护，最终发展为效力遍及全国的对王位和和平为代表的国家政权的保护。凭借"国王和平"内涵的不断延展，以国王为代表的国家机关便利地取得了更多案件的司法管辖权，刺激了中央司法体系的职业化水平提高。[1]经历了由萌芽、确立到发展、成熟的不同阶段，治安法官制度对英国行政、司法等社会生活产生深远影响。更值得注意的是，治安法官将法庭设在家门口，为标的额较小的诉讼纠纷提供了便利的解决途径，减轻了英国中央司法体系的负担。

---

[1] 参见李红海：《普通法的历史解读——从梅特兰开始》，清华大学出版社 2003 年版，第 59 页。

　　从英国治安法官的产生和发展过程来看，它初创于王权的鼎盛，巩固于王权的衰弱；人员来自地方贤达，却须由国王任命；维护地方利益，又难逃中央监控。治安法官的权限来自中央政府对地方的委托授权，逐渐形成了英国中央集权与地方行政、司法模式的雏形。在相当长的历史时期内，非专业化、非职业化一直是治安法官的优势，这一优势不仅使治安法官的职能涉及行政和司法等广泛的社会生活，还使它便利地执行政策和法令以调节中央和地方之间的关系。与专门的行政和司法机构相比，治安法官在形式上更加灵活，作用范围也更加广泛。在这种体制之下，中央司法统筹宏观，地方治安注重微观；中央控制地方的手段以监督为主，地方服从中央的途径又相对灵活。二者有机结合，职责互有分工，权力各有底线。以法院为实施社会治安的平台，以司法程序为解决矛盾的途径，必然导致行政工作披上了司法的外衣，使英国行政走上法制化道路。

　　19世纪司法改革取消了治安法官的行政职能，治安法院被界定为英国的基层法院，专职司法裁判。今天，治安法官多是非法律专业人士，无需获得任何法律资质，不领取任何报酬，他们活跃在司法工作的第一线，主要承担民事案件的管辖权和部分刑事案件的预审权。每所治安法院由2名以上兼职治安法官组成，每年任职不少于13天，总任职年份不少于5年。担任治安法官必须由符合资格者提出申请。治安法官的选任注重考察申请人的品格素质，申请人必须受到社区民众和工作同行的认可、有一定的理解和交流能力、有社会责任感。一个普通公民只要不具有法律规定的例外情形〔1〕，同时住处位于治安法院所在地域或附近15英里以内，便不受财产、性别等条件的限制，可以被推荐为无薪治安法官，并直接行使相关案件的裁判权。在具体的司法实践中，治安法官仅处理特定范围内

────────────

〔1〕　担任治安法官的法定例外主要指因叛国罪不得担任公职之人、被宣告破产或有严重前科之人、现役军人、警察、交通巡视员以及在同一郡身为法官助理人员等。

的案件，主要职能有四点：采用简易程序对不可诉罪[1]加以审查，通常为交通违法案件、颁发许可证、非诉离婚以及分居、非诉未成年人监护等案件；对可诉罪案件进行预审，即事实审查；审理混合罪案件，即审理可以在治安法院审理，也可由刑事法院审理的案件，例如盗窃、销赃等犯罪；转送重大案件，强奸、杀人、抢劫等案件必须由刑事法院审理，治安法院可以决定是否关押和保释被告人，但不审理案件的实际性问题，只负责转交刑事法院；分设专门法院，由经过培训的治安法官审理专门案件，如英国少年法院就附设于治安法院之内。此外，治安法官还行使某些细微的行政职权，主要是发给或者更换经营酒类及举办音乐会、舞会、表演会的执照等。在具体的运作程序上，由 3 个治安法官组成合议庭审判，适用简易程序，不采用陪审制，结案效率高。当然，对非职业治安法官也是存在限制的，除了规定相应的职权范围，还在审理案件时设书记官一职提供专业法律咨询。书记官都是受过专门法律教育的，有的是初级律师，有的是高级律师。书记官的意见，多数情况下非职业法官都会采纳。[2]

可见，治安法官缺乏法律训练和资格要求，也非以司法为业，都是"打零工"者，有些人甚至不熟悉最基本的法律术语和概念。治安法院限于资金，适用简易程序，审理一些轻微的、常见的法律纠纷，没有职业性。但是在英国，相对于 5000 余名专业法官，超过 1.2 万名的治安法官为审理和了结司法程序中较小的法律争议提供了

---

[1] 英国刑法将刑事犯罪分为简易罪、可诉罪和混合罪。简易罪是指可以利用简易程序审理的犯罪；可诉罪是指可以用公诉程序审理的犯罪；混合罪是指既可以用简易程序审理，也可以用公诉程序审理的犯罪。对于不可诉罪不必采用陪审制，可由治安法官通过简易程序加以审判结案。绝大多数的可诉案件在交付刑事法院审判之前，都必须经过治安法官的预审程序。

[2] See https://www.judiciary.uk/about-the-judiciary/who-are-the-judiciary/magistrates/，最后访问日期：2023 年 12 月 28 日。

称职且不昂贵的服务，发挥着"令人吃惊的作用"[1]。据英国当前官方统计的数据，现职治安法官的年龄为18岁到75岁不等，治安法官群体承担着英国85%以上诉讼纠纷的解决[2]。单从数量上看，治安法官已然成了英国司法活动的"主力军"，"如果仅由职业法官来支撑英国刑事审判制度，这种制度准会即刻陷入瘫痪状态"。[3]

治安法官还是高高在上的中央司法在地方的"人脉"基础。众所周知，近代英国实行双轨制的法官制度，除基层治安法官外，独立性较高的英国职业法官阶层象征着法律和司法的威严。这些法官一般出身社会上层，有着渊博的法律知识和实践能力。他们享有崇高的社会地位，深居简出，鲜与当事人接触，也极少受到行政干扰。相比之下，业余治安法官则体现了法律的亲和力与灵活的实用性。有人说，治安法官的工作更像社会工作而不是法律工作，它使普通公民有机会且平等地参与刑事审判活动，并以最直接的方式亲身体会司法运行过程，这对于密切法律与社会大众的联系是非常必要的。普通法的繁杂使得培养专业法律人的成本极高，社会大众更加难以对其进行适度的把握。在树立普通法强大公信力的过程中，难免脱离基层民众和底层社会现实。一味将繁琐的程序规则适用于小额的民事诉讼纠纷，又会出现程序死板，诉讼时间、金钱成本都偏高等缺陷，当事人往往得不偿失。相比之下，治安法院受理案件不必经过繁杂的普通诉讼程序，且结案效率高，势必缩短法律与社会公众的距离。治安法官来自当地贤达，一般深受当事人欢迎，足以较好地定分止

---

〔1〕　Nicola Padfield, Jonathan Bild, *Text and Materials on the Criminal Justice Process*, Butterworths, 2000, p. 262, p. 271.

〔2〕　See Mireille Delmas Marty, J. R. Spencer, *European Criminal Procedures*, Cambridge University Press, 2002, p. 177、p. 501. 另见网站 https://www. magistrates‑association. org. uk/about‑magistrates，最后访问日期：2022年12月23日。

〔3〕　［英］马塞尔·柏宁斯、克莱尔·戴尔："英国的治安法官"，李浩译，载《环球法律评论》1990年第6期。

争，又令法律在使用过程中多了几分亲切。治安法官充当了普通法运转的"润滑剂"，非职业法官是职业法官的民间法律"代言人"。

英国治安法官制度的经验表明，以少数精英化法官群体为核心和主导，辅以人数众多的外围非职业法官队伍是一种成功的选择。通过对法官职业化的局限性分析和英国法官职业化经验的总结，可以看到，基层司法的非正式化是职业化法官的有机补充。司法不应是完全建立在精密的规则、技术和原理之上的"阳春白雪"，辅之以兼顾社会习惯和常识的"下里巴人"是必要的，因为社会对司法的需求从来是而且永远是多层次的。司法活动中大比重的治安法官成分不仅没有削弱英国职业法官的地位，反而进一步提升了他们的权威。正是因为有了治安法官将大量繁琐、小型的案件进行分流，英国职业法官才能专注于真正影响重大、法律争议较强的案件，才能集中精力扼制住司法活动的"要害"，成为世人眼中的精英群体。同时，治安法官制度还解决了司法活动所面临的一个社会认同问题，没有得到社会认同的司法权力可能需要付出更高昂的社会成本。

英国的治安法官制度被许多国家所仿效，在当今世界呈现出蓬勃生机。继受英国法律传统的美国大多数州的基层司法一直保留着治安法官制度，澳大利亚、瑞士等国也有类似的制度体现。其他一些国家最近的司法改革也引入了治安法官制度。例如，意大利1991年颁布的314号法令创设了治安审判官制度，规定其对500万里拉以下有关财产权的案件、34万里拉以下有关赔偿义务的案件以及对行政制裁持有异议的赔偿案件等享有管辖权。俄罗斯1997年《联邦司法体制法》也增设了治安法院。[1]客观地讲，就英国的法官职业化道路而言，法官的职业化和精英化与非职业治安法官相伴相生，共同使司法获得公信力和权威。

---

〔1〕 参见范愉："当代中国法律职业化路径选择——一个比较法社会学的研究"，载《北方法学》2007年第2期。

王国治理的地方图景：
英格兰市镇的法律与秩序

一、尚未言明的城市法："模仿"或者"对抗"？

在《法律与革命》一书中，哈罗德·J·伯尔曼教授分析了1075 年"教皇革命"对西方法律传统形成的关键性作用。伯尔曼教授认为，以"授职权之争"为起点的"教皇革命"开启了教会法（Canon Law）体系化的进程，同时推动了世俗法与教会法之间的吸收与借鉴，这使"教皇革命"以后的西欧法律秩序在内聚性与精致性上有所增强，包括封建法（Feudal Law）、庄园法（Manorial Law）、王室法（Royal Law）和城市法（Urban Law）在内的世俗法律体系为此提供了佐证。[1]

伯尔曼教授分别考察法兰西、德意志、英格兰和意大利等地区的城市并认为，伴随"教皇革命"以后中世纪城市的繁荣，城市法的发展也呈现出吸收借鉴教会法成果的重要图景。[2]中世纪的城市区别于古代希腊的城邦，更加区别于近代以来作为政府管理末梢的城市，而是一种介于自治与附属之间的形态。他得出了大致三个方面的结论性内容：首先，尽管中世纪城市的兴起得益于农业生产恢

---

〔1〕 参见［美］哈罗德·J·伯尔曼：《法律与革命——西方法律传统的形成》，贺卫方等译，中国大百科全书出版社 1993 年版，第 338 页。

〔2〕 参见［美］哈罗德·J·伯尔曼：《法律与革命——西方法律传统的形成》，贺卫方等译，中国大百科全书出版社 1993 年版，第 446 页。

复的社会因素、贸易稳定繁荣的经济因素以及多元权力竞争格局之
下的政治因素，但更准确地说，"教皇革命"为中世纪城市的兴起
提供了机缘，许多城市本质上是摆脱了封建依附关系、具有"教会
精神和特征"的誓约共同体，它们是市民的宗教联合，体现了教会
"改革并拯救世俗社会的热忱"〔1〕。其次，城市法具有一定的教会
法属性，城市法律的执行也通过宗教誓约而具有权威，正是借鉴了
教会法固有的体系化特征，城市法在组织结构、司法程序、商业经
营、对外往来等方面发展起来了。最后，11世纪的欧洲城市与城市
法毕竟不是随处可见，它不存在于没有教会和教会法的地区，可见
世俗秩序与教会法之间存在必然的联系，正如教皇革命导致了近代
西方国家的产生一样，它导致了近代西方法律体系的产生〔2〕。据
此伯尔曼教授认为，"教皇革命"时期，欧洲"每一种不同类型世
俗法的发展，部分在于对教会法的模仿，部分在于对教会法的抗
争"〔3〕，中世纪的城市法恰是这种"模仿"与"抗争"的例证
之一。

　　中世纪欧洲的社会组织与团体无法摆脱基督教世界的精神底
色，但中世纪的城市毕竟保有不可忽略的"自发性"色彩。诚然，
在"教皇革命"之后很长的时间内，诸如王室法、封建法、庄园
法、城市法等世俗法律体系，没有一个能够主张至高且统一的管辖
权。基督教世界共同信仰的存在，使法律的制定和实施多由神职人
员进行，教会法似乎最有可能成为最具效力、最具权威和最成体系
的中世纪法律样板。尤其"教皇革命"以后的基督教会权倾一时，

----

〔1〕 ［美］哈罗德·J·伯尔曼：《法律与革命——西方法律传统的形成》，贺卫
方等译，中国大百科全书出版社1993年版，第493页。
　　〔2〕 参见 ［美］哈罗德·J·伯尔曼：《法律与革命——西方法律传统的形成》，
贺卫方等译，中国大百科全书出版社1993年版，第141-145页。
　　〔3〕 ［美］哈罗德·J·伯尔曼：《法律与革命——西方法律传统的形成》，贺卫
方等译，中国大百科全书出版社1993年版，第338页。

教会法几乎在诸多法律体系中取得了"月映万川"一般的实际影响力。即便如此，城市法律秩序对这种法律秩序的"反叛"也不容忽视。众所周知，中世纪的城市一部分直接产生于商业、手工业经营者对封建采邑秩序、教会管理秩序的"空间脱离"，在濒临港口和交通枢纽的地区，商业据点发展并固定为城市，这些据点通常位于封建采邑领地的边缘地区，产生以后开始吞并近邻的国王属地、封建农庄和教会辖区；另一部分城市，则是来自一些具有开拓思维的教会领主和封建贵族们的"观念脱离"，领主和教士也在交通便利的地区建立城市，鼓励商贸发展并从中收税。如果进一步观察伯尔曼教授所提及的德意志、法兰西、意大利与英格兰的城市，则发现中世纪城市法的产生与演进似难一概而论进行描述。城市如何在王权、领主或者教会环伺的中世纪社会谋得法律实施的空间？这一问题的答案，至少体现出两种不同的城市法路径：

第一种，在德意志、意大利中南部和尼德兰地区，由于统一王权的长期缺位，作为精神指引的教会法突出了体系性与权威性，诸如城市法等世俗法律秩序对教会法的吸收与借鉴是直接性的，这种情况在"教皇革命"以后有所强化，教会法的确成为更具象征性的高位阶法律渊源。在这些地区，城市选取教会中的圣者作为守护神[1]，或者借"圣父、圣子、圣灵"的名义成立社会组织并实施法律[2]。这无疑符合伯尔曼教授的论断。

第二种，在国家行政体制成熟较早的英国、法国以及西班牙地区，教会法的影响力与前一种存在较大的差别。由于强大王权的存在，尤其是 11 世纪的英国已经形成了稳定的王国形态，教会法的影

---

[1]　See Gene A. Brucker, *The Civic World of Early Renaissance Florence*, Princeton University Press, 1977, p. 58.

[2]　See Cura di Anna Maria E. Agnoletti, *Statuto Dell' Arte della Lana di Firenze*, Felice le Monnier Editore, 1940, p. 13.

响很大程度上受到王室法和封建法的阻抑。伯尔曼教授也注意到，诸如英格兰的伦敦这类城市，受到教会法的影响大多停留在有限的法律形式、术语等方面，这种情况下的城市法，毋宁是在王室控制松弛情况下系列特权的成文化。当然，如果沿着这一逻辑，城市法的研究就从"参照教会法"转而进入"参照王室法"的路径。但这至少已经表明，城市法自身产生与发展的真实情况并没有得到足够的关注，这也是伯尔曼教授尚未言明的问题。

中世纪的城市法，实际是中世纪城市不断凝练、确认规范性内容的过程，这一过程当然包括借鉴并获得外部秩序的认可，但也更是城市法自我赋权并加以实施的过程。实际上，早在"教皇革命"之前，欧洲西部与南部的城市已经借力商业经营的复苏而兴起，与之同时兴起的还有适用于城市地区的习惯，后者逐渐构成了专属于中世纪城市的法律。总体上看，城市法内容涉及城市的内部事务或者对外往来，再经由王国法律或者特许状的形式稳定下来，最终成为正式的法律渊源。在此基础上，中世纪的城市较早地迈出了法律主治的步伐。及至"教皇革命"时期，不少欧洲的城市其实已经初具规模，城市法也拥有了稳定的权限并运转良好。作为结果，城市法几乎平行于教会法的发展——它并非对教会法的简单"模仿"或者"抗争"。

城市法是欧洲中世纪的重要法律单元，围绕其展开的研究应当回归历史实证的分析。为此，我们选取英格兰王国的城市法，研究的时限定于1066年至1200年，这是中世纪英格兰城市兴起的关键时期，也是"教皇革命"的时间节点，更是英格兰本地法律与习惯的起步时期。这一期间涵盖英格兰两个王朝，即诺曼王朝和金雀花王朝，涉及约六名国王，分别为诺曼王朝的威廉一世、威廉二世，亨利一世（史蒂芬乱政），安茹王朝的亨利二世、"狮心王"理查德一世（Richard the Lion Heart）和"无地王"约翰（John the Landless），他们先后为英格兰的城市做出了大量的授权，这构成英格兰中世纪城市法的根基。这一时期可以运用的基本史料包括《末日审判书》（Domesday Book）、《特许状》（Charters）、《卷筒卷宗》（Pipe Roll）、1215 年《大宪章》（Magna Carta）、《克拉伦敦宪章》（Constitutions of Clarendon）、格兰维尔《论英格兰王国的法律和习惯》（De legibus et consuetudinibus regni Anglie）等，材料显示的城市法律内容包括特许状立法、司法裁判、诉讼程序、土地法、动产处分、市民资格、家庭法等多个方面。我们需要回答的问题有：城市法的体系化是否取决于"教皇革命"的历史机缘？如果前述问题的答案是否定的，那么城市法究竟是怎样产生的？既然城市法并非对教会法的简单"模仿"或者"抗争"，那么它是何以自成体系并运行良好？这些问题的答案，需要走入城市法的内部，观察城市法自身的表达与实践。

二、产生的机缘：功能导向与法律文本的固定化

"教皇革命"是否为英格兰城市法的产生提供了机缘？答案是否定的。中世纪的封建社会结构或者宗教信仰，是城市产生与发展的社会环境，它们仅是城市法诞生的外部"刺激"而已。况且，这种外部环境并非仅在"教皇革命"的时间节点呈现较大的特殊性。从盎格鲁-撒克逊时期到诺曼威廉的征服，采邑制在英格兰逐步稳定下来，形成了国王、有爵位者、骑士为基础的封建等级制度；大封建主把自己的土地分封给下属，而这些下属又把受封的土地分封给自己的下属，从而形成了一个以土地为纽带的"领主-封臣"层级式关系网，这种层级关系以土地占有和农业生产为基础，再以逆向税收缴纳的形式加以维持。与此同时，世俗领主也向英格兰教会赠与大量土地，教会内部同样分化为不同的层级，诸如教省、总教区、教区等层级的结构同样稳定下来，尽管教区在外观上以誓约共同体的形式加以维系，但雄厚的财产收入同样是不可缺少的要件。

职之是故，无论在封建庄园还是教会，生产经营活动都能够受到相当程度的鼓励，从事经营与买卖的专门群体或者地域，会因可观的经济收入而更加受到欢迎，它们逐渐从层级的社会结构中分化出来专司商贸活动，是自然发生的事实。

商业贸易的诉求实现了中世纪城市从无到有的进程，它使中世纪的城市法自诞生之初已经与教会法、封建法做出区分。英格兰的城市起初是商品交易和经营活动的专门区域，它们建设自己的防御工程，同时保有吸纳劳动力、维护市民利益、拓展商业经营并保障稳定社会秩序的功能导向。1066 年诺曼征服以后，国王、领主或者教会均在不同程度上做出特许，将城市与其他的地区进行有意识地区分。如此一来，中世纪的城市慢慢成为相对"另类"的社会空间——尽管在政治臣服、税收缴纳等方面仍旧与封建秩序保有千丝万缕的联系，但是市民的诉求更是商业性而非农业性的，城市生活的主线是贸易往来而非封建隶属。封建层级制度逐渐成为外部化的因素。城市社会交往的安全性、可计量性不断增加，独特的城市习惯孕育出来并最终沉淀为规则性的内容。这是城市法的诞生，也是城市法区别于教会法、封建法最为重要的符号性差异。

城市法得以从中世纪封建层级式社会结构中分化出来，另一个机缘是其规范性内容经由法律文本获得了固定化形态。这意味着，文字书写的形式对英格兰城市的分化进行了确认。这种法律文件分为两类，一类是诸如《末日审判书》《克拉伦敦宪章》《卷筒卷宗》、1215 年《大宪章》等王室综合性文件的相关规定，这些文件中关于城市的规定相对分散，但已具有较强的区分色彩；另一类是城市特许状等专门法律文件的记载，它们分别归属于不同的城市，通过法律权限的界定使其专注于城市"自身的内容"。

城市法律文本的确立，时间上是早于"教皇革命"的。1066 年至 1068 年间，《末日审判书》作为诺曼征服之后的第一份法律文

件，已经承认了英格兰城市的特殊性，规定城市是区别于封建村落
（vill）和乡镇（town）的重要法律主体。尽管就外观而言，《末日
审判书》仅是一部"财产之书"，其初衷不过是获得更多的税收可
能性，故财产统计方式不过是在全境派出代理人核验地产与不动产，
然后进行清单式的罗列以及价值评估等。但是，《末日审判书》中
的教区、领主与城市的统计具有鲜明的差异性。细观之，《末日审
判书》呈现为土地及各类物品的清单，同时标注所有权人或占有人
的名称、物品状况、税值估价，但是，英格兰乡村与城市的侧重点
完全不同——为封建领主和教会所直接管辖的乡村，侧重列明领主
姓名、地产面积、小地产持有人与农户（small holders and cottagers）、
磨坊（mills）、牧场与树林（meadows and woods）、地租（rents），
还有农用牲口诸如牛、羊、马、猪以及农业经济作物蜂巢等；城市
的统计仅少量涉及土地和农业生活，更多关注城市房屋的所有权、
房屋建设、道路修缮、公共区域、市场所在地及贸易额、常住居民
和非常住居民的住址及人数，其他还有城市磨坊、铸币场和城市防
御力量等。[1]不仅如此，《末日审判书》已经明确哪些市镇的财产
属于国王、领主或者教会，哪些与三者没有关联性。英格兰城市占
据了《末日审判书》中冗长的篇幅，仅华威一城，就罗列了 27 名
城市常驻民的实际财富状况[2]。梅特兰教授区分了这些城市所有
权人和中世纪的封建领主、教会，认为他们是中世纪英格兰名副其
实的"他种权利保有者"（tenurial heterogeneity）[3]。

继《末日审判书》之后，与城市有关的王国其他法律文件也频

[1] See Margaret L. Faull, Marie Stinson, Domesday Book for Yorkshire. See John Morris, Pillimroe Chichester, *Domesday Book: A Servey of the Countries of England Compiled by Direetion of King William I*, 1986, 33a, 37a.

[2] See Adolphus Ballard, *The Domesday Boroughs*, The Clarendon Press, 1904, p. 5.

[3] See Maitland, F. W., *Domesday Book and Beyond: Three Essays in the Early History of England*, Cambridge University Press, 1897, p. 178.

频出台。1164 年《克拉伦敦宪章》认可了城市法的权威，将城市法
的实施并列于教会或领主的司法实践，该文件第 15 条明确，假如城
市与领主、教会出现了适用法律上的分歧，国王可以作为仲裁者，
并且充当城市、教会以及领主共同的上诉机构。[1]不仅如此，在
1167 年-1168 年《卷筒卷宗》的档案记载中，各自治城市均以独立
法律主体的身份参与国家财政、税收体系。[2]及至 1215 年，《大宪
章》进一步认可城市的法定权利义务不容变更，其第 13 条规定
"伦敦城的自由和习惯受到保护，其他城市、乡镇、港口的自由和
习惯也受到保护"，第 23 条专门限制国王约翰为了饲养鹰鸟的便利
强迫城市增加路桥与河堤修缮的公共服务。[3]至此，在王国法律文
件规定的层面，英格兰城市法的基本形态稳定下来了。

　　特许状是专属于城市的法律文件，一般由城市曾经受辖的封
建领主或者主教授权确立，更多的特许状是来自英格兰的国王。
英格兰的城市大都拥有专属的特许状，其内容不同程度地确立城
市自治和市民权利义务的范围，客观上限制了国王、领主与教会
之于城市的权力。早在"教皇革命"之前，特许状文书已经在英格
兰的城市纷纷登场，其中，诺曼征服之后的城市特许状，几乎是威
廉换取英格兰本地支持的必要权力让渡，伦敦、约克、纽卡斯尔、
北安普顿等地区相继获得特许状，其他城市则在内容与形式上予
以效仿，伦敦的特许状还因条目清晰而成为其他城市特许状的范

　　[1] See "The Constitution of Clarendon 1164", in J. A. P Johns, *King John and Magna Carta*, Longman Group Ltd. , 1971, pp. 118-119.

　　[2] See *The Great Roll of the Pipe for the Fourteenth Year of the Reign of King Henry the Second* (A. D. 1167-1168), ed. by the Pipe Roll Society, the Hansard Publishing Union, 1890, p. 76.

　　[3] See J. C. Dickinson, *The Great Charter*, Pulished for The Historical Association by George Philip & Son, Ltd, 1955, pp. 20-22, Magna Carta clause 13, clause 23.

本。[1]特许状在英格兰境内大量存在，仅亨利二世任内增补特许状近30个，理查德一世和约翰任内增补特许状50余个。[2]在特许状的约束范围内，英格兰城市的公共事务、市民自由、财产关系、司法诉讼都有了法律文本的依据。尽管城市特许状的管辖范围仍旧具有条件性，例如1189年亨利二世颁发诺丁汉的特许状中就有表述，"城市选择的治理者，若使我感到不悦，则我将根据我的意愿进行撤换，且替换者也由我来选择"[3]，但是这种"撤换"并不能真正得以实现，反而是下述条款在特许状中得到了较好地执行，根据1103年亨利一世授予主教城市圣艾德芒的特许状规定，"任何人包括国王的公职人员不得在任何情况下干涉城市和城市的居民。"[4]对此，伯尔曼教授也给予了充分的认可，"城市法在大多数场合是根据成文的特许状建立起来的，这些既是政府组织的特许状，又是市民权利和特权的特许状。"[5]只不过，特许状的意义还不止于此——它不仅界定了城市的法律权限，还在很大程度上启动了城市内部法律体系化的进程。城市法一面在特许状的基础上衍生并适用，一面又在特许状的框架内受到限定和化约——遵循这样的线索，中世纪城市法的实践才得以开展。

[1] See John Hudson, *The Oxford History of The Laws of England*, *Volume II*, Oxford University Press, 2012, p. 814.

[2] See John Hudson, *The Oxford History of The Laws of England*, Oxford University Press, 2012, p.812.

[3] *British Borough Charters 1042-1216*, ed. A. Ballard, Cambridge University Press, 1913, p. 244.

[4] John Hudson, *The Oxford History of The Laws of England*, Oxford University Press, 2012, p.817.

[5] ［美］哈罗德·J·伯尔曼：《法律与革命——西方法律传统的形成》，贺卫方等译，中国大百科全书出版社1993年版，第487页。

图2　1303年爱德华一世致信林肯地区主教书信及
印玺（Great Seal of Edward I）[1]

三、法律的实现：权利义务及其实施

城市法保有着怎样的内容与实践？

为建立商业和贸易活动所需的宽松社会环境，英格兰的城市在公共事务、市民基本权利以及法律实施保障等方面实现了卓有成效的探索。中世纪英格兰城市法的展开，表明城市范围内的同类事项按照法定的秩序受到调整，城市内部能够实现权利的促进与协调。

（一）城市公共事务

城市市民享有中世纪社会较大限度的意志自由，城市公共事务的处理基本排除了外部因素的影响。市民自由是城市特许状的常规性内容，外乡人在没有身份争议的情况下于所在城市待满"一年零

---

〔1〕　书信内容关于社区生活和土地。现为英国利兹大学布拉泽顿图书馆特藏，语言为中世纪拉丁文。

一天"即可取得市民权,迁移到自治城市里的农奴居住时间满足"一年零一天"即可获得人身自由。英王亨利一世授予纽卡斯尔的特许状规定:"如果某农奴来到一个自治城市,并在城内住满一年零一天,那他以后就是一个市民了,可以继续住在这个城市里……市民的儿子得因其父的市民权而享有市民权。"[1]亨利二世颁布给诺丁汉的特许状,同样规定农户进入城市并居住"一年零一天"取得市民身份,其他人不得抗辩。当然,除了达到"一年零一天"的时限之外,市民身份的取得一般还要求稳定的城市居住状态、稳定的财产并且服从城市生活的法律和习惯等其他条件。由于这种相对自由的城市生活氛围在中世纪社会颇受欢迎,诸如林肯、纽卡斯尔等城市已经加收少量的准入费予以限制。[2]无论如何,"市民"成为中世纪社会全新的身份认同。

市民公意是处理城市公共事务的起点,以选举为基础的市民集会、城市议会与市政官等机构也顺势产生了。城市市民保有参与公共生活的权利与义务,可以选择产生城市长官(the aldermen)和议员(the councilor)等。根据《末日审判书》的记录,18 名具有独立承担债务资格的民众相互宣誓,可以成立一个新的城市。1130年,《卷筒卷宗》也保留了伦敦市民选择城市领袖的记录。为了确保市民参与公共事务,13 世纪的英格兰城市每年至少召开 3 次全员性的集会(folkmoots):第一次是在 9 月份的圣米迦勒节(Michaelmas),旨在选举产生新的城市长官并且聆听指令;第二次是在 12月份的圣诞节,用以实现主要市政事务的梳理与监督;第三次是在 6 月份的圣约翰节(St. John),旨在采取措施保障城市基础生活必须

---

〔1〕 Adolphus Ballard, *British Borough Charters 1042 - 1216*, Cambridge University Press, 1913, p. 101.

〔2〕 See John Hudson, *The Oxford History of The Laws of England*, Oxford University Press, 2012, p. 840.

并预防火灾。这些城市集会的地点往往位于城市中心的会堂（guild-hall）或者教堂，集会除了进行具体的演说和讨论，还就提案进行公开的投票与竞选，也要负责重大案件的审理和裁决。当然，城市也召开规模较小、规格次等的小型会议，这些会议有的是在城市领袖的主持下每月举行，主要解决城市内部的治安、刑事案件的常规审判，遇外敌入侵等相对紧急的事态，也可以每周召开会议。[1]综观中世纪英格兰城市的特许状，其中频频记载"每周只能召开一次会议"的制度性限制，侧面反映了城市会议召开的频繁程度与必要性。

（二）市民权利

城市法的专业性和体系性，主要体现为市民权利（burgagium）的清晰。

首先，商业保障及其权利。城市是商业贸易的中心，商业利好是受到城市法保护的首要内容，这种便利主要及于城市内部的"坐商"，也扩及走出城市的"行商"。为了维持城市内部的基本经营秩序，《末日审判书》记载了市民缺斤短两罚款4先令的案例，酿造售卖啤酒质量不达标者同样罚款4先令。[2]在特许状的一般性规定中，城市有权自行确认本地产品的质量标准和交易便利，为此可以任命12名至36名数额不等的专门人士予以监督。成立行会开展商业活动更是城市市民的常态，不少行会的章程甚至上升为城市的基本法律规范予以遵循。根据特许状和城市行会的要求，城市内部的商业标准还能跟随市民和市民行会走出城市，逢矛盾纠纷的场合，城市法还为外部的"行商"活动保驾护航。1156年，亨利二世授予牛津的特许状授权城市市民拒绝城市之外的所有审判，除非遵照所

---

〔1〕 See Mary Bateson, *Borough Customs II*, Selden Society, 1906, p. 51.

〔2〕 See John Hudson, *The Oxford History of The Laws of England*, Oxford University Press, 2012, p. 823.

属城市的法律和习惯。作为对价，城市如期向给予授权的王室、领主或者教会支付相应的税收，根据布里斯托的特许状，国王和领主均不得向该城市索取额外的税款，已征收者应当全数归还，涉事领主还可能面临羁押。[1]在 1215 年《大宪章》的条款中，城市不额外加税的内容又得到了重申，商业经营秩序也进一步取得了稳定性。

其次，关于土地的权利。在中世纪的分封体制之下，土地的继承和流转受到一定程度的限制，城市市民多是无地或者少地的商品经营者，他们的生计并不过分倚重土地。但是，市民仍旧可以持有土地，且由于城市税收豁免权的存在，他们持有土地的代价较普通庄园农户为低。土地保有与处分只需遵照城市本地的规定，保有土地的规则也做出了相对灵活的改进。城市土地的持有主要包括三种类型，即保有地产（tenure）、继承地产（heritability）和可转让地产（alienability）。其中，保有地产的权利是中世纪最为常见的土地权利，在城市中，市民并非因为封建隶属关系取得土地，而是基于市民权而保有土地，例如根据主教城市圣艾德蒙的特许状，携带地产加入城市的新市民，假如能够在没有其他人主张地产权利的情况下保有该地产"一年零一天"，则取得市民权的同时取得地产保有权，此后市民可以在城市的支持下拒绝与之对抗的权利主张。[2]这意味着，附着于这部分市民持有土地之上的封建采邑关系即告消灭。尽管在一些城市，市民需就新占土地向城市缴纳一笔土地备案的费用，但该费用也是一次性支付完成，王权、领主与教会的势力均不得再作干涉，市民对于土地的保有就是完整的（De tenement clause）。[3]不仅如此，土地的流转与买售同样排除了被干涉的可能性，根据《末

---

〔1〕 See Adolphus Ballard, *British Borough Charters 1042–1216*, Cambridge University Press, 1913, p. 196.

〔2〕 See John Hudson, *The Oxford History of The Laws of England*, Oxford University Press, 2012, pp. 833–834.

〔3〕 英文解释为 concerning an enclosed tenement, 直译为"完全占有"。

日审判书》的记载："如果任何市民希望出售属于他的房屋，而这房屋实际位于某领主的庄园中，尽管并未经过领主的知悉或者授权，他也得以实现所愿。"〔1〕领主罗格（Roger de Lacy）授予庞蒂弗拉克特城（Pontefract）的特许状规定了市民出售土地的大致流程：市民出售地产，应先进入市政厅备案该地产的情况，然后作为卖家向市政厅支付 1 德纳，成交后再由买家向市政厅支付 1 德纳。〔2〕莱斯特城的特许状则进一步表明，为了维持城市土地的稳定性，土地买卖除了在城市进行备案之外，还应限于本城市民之间。似乎也是出于同样的理由，圣艾德蒙保障土地保有者直系亲属的继承权，即除非"确有必要"（with necessity compelling），该土地曾经的领主不得借市民保有权人死亡而收回土地。这种"确有必要"的情况，通常以土地保有人配偶与直系近亲属的过世或难以找寻为前提。〔3〕

再次，动产的支配与处分。中世纪城市的动产主要是市民用于生产和生活的工具，它们具有较强的商业指向性。纽卡斯尔专门列举了市民通常保有的动产如风车、烤炉、磨坊等，规定这些动产以及市民的劳务，均可以在城市范围内进行出租和出售。城市内部的租售关系受到保护，例如伦敦对市民租赁或买受经营场所与工具的情况进行界定，明确承租人不享有财产所有权，而只是该不动产产权的受托人。根据普雷斯顿的特许状，可以看到城市确认了动产买卖双方之间的定金制度，背信弃义的买受人将失去定金，出尔反尔的出卖人则被强制双倍返还定金。〔4〕

最后，婚姻与家庭的相关权利。中世纪婚姻家庭事务通常属于

---

〔1〕 John Hudson, *The Oxford History of The Laws of England*, Oxford University Press, 2012, p. 835.

〔2〕 See M. Bateson, *Borough Customs II*, Selden Society, 1906, p. 82.

〔3〕 See M. Bateson, *Borough Customs II*, Selden Society, 1906, p. 61.

〔4〕 See John Hudson, *The Oxford History of The Laws of England*, Oxford University Press, 2012, p. 839.

教会管辖，但市民及其子女一定程度上也享有了豁免。根据布里斯托的特许状，领主和教会受理各自辖区的家庭事务，不应包括城市市民在内。[1]特许状还对夫妻之间的财产关系进行规定，参考北安普顿对于嫁资地产（Maritagium）的规定，可以看到夫妻共同支配与处分嫁资财产的权利，这种权利仅以夫妻共同意志为基础，此外无涉其他可能干扰的因素，"一男子迎娶妻子和她的嫁资后，若因贫困，可在二人合意的基础上共同出售这份嫁资"，与此同时，城市出于保持婚内财产关系的稳定性，又规定："如果（这对夫妇）尚有其他财产，则不可出售这份嫁资。"[2]与中世纪封建领主对于农奴子女的监护和管控形成对比，作为家长的城市市民可以直接掌握未成年子女的监护权（Warship）。根据《论英格兰王国的法律和习惯》一书中的记载，城市少年必须向其父亲学习并掌握算数和理财的能力，且能够辅佐其父亲做事，然后才可由其父亲认可为成年劳动力。[3]1215年《大宪章》也提到，国王或者领主不可对城市市民宣称监护权。[4]无怪中世纪著名的一则法谚有云，"城市的空气使人自由"——封建隶属与依附的人身关系，在城市市民权利的谱系中"松绑"了。

（三）司法裁判

　　法律的规定在表述上呈现了城市法，法律的实践则将城市法最终道成肉身。《末日审判书》已经记载了伦敦、剑桥、林肯、约克等许多城市皆由专门人士负责审理并裁决案件，这些城市审理案件

〔1〕　See John Hudson, *The Oxford History of The Laws of England*, Oxford University Press, 2012, p. 841.

〔2〕　M. Bateson, *Borough Customs II*, Selden Society, 1906, p. 102.

〔3〕　See Glanvill, *Tractatus de legibus et consuetudinibus regni Anglie qui Glanvilla vocatur*, ed. and trans. G. D. G. Hall, with a guide to extra reading by M. T. Clanchy, Oxford University Press, 1993.

〔4〕　See J. C. Dickinson, *The Great Charter*, p. 19, Magna Carta clause 5.

的场合，构成了中世纪城市的法院（the Borough Court）。城市特许状严格限定了城市司法程序必须在城内进行，即市民只能由城市的司法机关审判，除非卷入英格兰国王的相关的案件，市民不受其他法庭的管辖。根据英王亨利一世给伦敦颁发的特许状："伦敦市民享有充分的权力任命他们所愿的伦敦市民为市长，并任命任何一人或他们所愿的伦敦市民为法官，此外无论何人均不得对伦敦人民行使司法权力。"[1]理查德一世授予克罗彻斯特的特许状规定，"市民得以选出法官实行正义，他者不得进行干涉。"[2]后来，亨利三世确立了城市自行任命验尸官的权力，实际是将关键性的司法取证权和决断权进一步赋予城市。

城市法的实施与运行侧重灵活实用性。城市法院受理最多的案件是债务买卖纠纷，重点惩治盗窃和严重的杀伤类案件。这些案件并未出现明确的类型化界定，受理的程序也不存在实质性的差异，只不过情节严重的案件可能等候每年三次的城市集会进行裁判，一般类型的案件基本在平时就获得裁决，集会日是故得名"法律日"（the Law Day）。[3]就具体诉讼程序而言，主要的环节有起诉和裁判、扣押和逮捕、惩戒与申诉等。

首先是起诉，言辞为主的诉讼方式使城市司法专注于市民的表达。城市司法将起诉与审判从中世纪的迷信枷锁中解放出来，开始摒弃司法程序中古老的决斗裁判，尽量鼓励当事人的充分表达。严谨务实的市民坚持认为，诉讼决斗使"强者借此欺凌弱者，年轻人借此欺凌老人，因为老弱之人无法在对抗身强力壮之人的决斗中取

---

〔1〕 Adolphus Ballard, *British Borough Charters 1042－1216*, Cambridge University Press, 1913.

〔2〕 John Hudson, *The Oxford History of The Laws of England*, Oxford University Press, 2012, p. 816.

〔3〕 See M. Bateson, *Borough Customs II*, Selden Society, 1906, p. 51.

胜"[1]。在城市中，决斗的范围严格受到限制——市民有权利选择决斗之外的方式获得裁决，尽管在双方同意的情况下司法决斗仍旧可以开展，但只要有一方不同意决斗则不适用决斗，后来更是发展为市民在城市之外同样不被强制决斗，此类限制决斗的规定通常表述为："基于任何事项的诉讼场合，市民均不得被强制决斗。"[2]作为替代，城市提高了诉讼过程中语言表述准确性（Verbal Accuracy）的要求，直接的口头表述成为城市诉讼的最常用形式，与口头相伴随的起诉宣誓也发展起来。[3]在伦敦，双方当事人应当对诉讼主张进行宣誓，他们还可以找来 6 名到 7 名宣誓辅助人（Oath Helpers）通过宣誓做出担保。假如当事人败诉，宣誓辅助人也要承担不诚信的责任。

其次是裁判与赔偿的认定。城市裁判以事实为基础，在伦敦，自亨利一世的时代起，城市法庭可以召集 12 名正直人士认定案件事实，重大案件可以扩至 36 名。这些认定者也要进行宣誓，并直接影响裁判结果，认定者中任一人拒绝宣誓即可导致被指控人的败诉，继而进入损害赔偿的认定。以普通伤害案件为例，每一寸可以痊愈的伤口可主张 4 德纳的赔偿金，不能痊愈的伤口则是 8 德纳的赔偿金，其他诸如医药费等可预期的损失，也能够获得相应的赔偿。此后，被侵害人还要宣誓不做同样的事情报复加害人。不仅如此，城市还鼓励以诉讼之外的协商解决纠纷，例如根据诺丁汉（Nortingham）的特许状，未构成实质性损伤的侵害行为可以协商解决，"市民意欲伤害另一市民，但未造成流血或者可见的瘀青，则二者可以采用

---

[1] John Hudson, *The Oxford History of The Laws of England*, Oxford University Press, 2012, p. 829.

[2] "If a burgess makes an appeal concerning any matter, he cannot force a burgess to fight." *Borough Customs I*, Selden Society, 1904, p. 34

[3] See "defend himself by his oath", *Borough Customs I*, Selden Society, 1904, p. 34.

自由市民习惯的协商方式解决纠纷。"[1]

最后，辅佐诉讼的"扣押"（Distraint）、"拘留"（Arrest）等强制措施，在城市诉讼中严格区分了市民与非市民的不同待遇，再由城市内部的治安巡查付诸实践。对于市民所主张的被侵害事由，城市法官可以直接将侵害人先行拘留，再依照城市管辖权进行处理。由于城市是国王和领主的重要税收来源，市民的人身与财产必须经由严格的法律程序才能实施扣押，非市民却可以直接实施扣押处分。根据《论英格兰王国的法律和习惯》的记载，在杀伤类案件中，城市被告人还可以在 12 名见证人的担保下获得"取保候审"的待遇。对于被告人是非市民的情况，城市法官可以直接实施监禁，且无需征得非市民所属领主的许可。日常生活中，城市安排维持社会治安的专门人员执行此类任务，他们类似于近代以后的"警察"。在主教城市，市政厅每年委派 8 名市民专职负责安全巡查，诸如圣米迦勒节和圣诞节等关键时日，此类巡查由 8 人增加为 16 人，巡查必须日夜轮值备勤，失职人员还将受到处分。[2]

四、结论：分化的英格兰城市法及其近代转型

城市法是欧洲中世纪的重要法律单元。尽管就规模来看，中世纪的城市不过是散落在封建领主、王权和教会之间的"碎片"，但它们已经尝试开辟商业资本得以存续的法律空间——"城市"与"非城市"的界分，经由法律的文本和实践获得了生命。在此基础上，城市法也从中世纪封建层级式的社会结构中分化出来了。

中世纪城市的法律秩序究竟是怎样的？11 世纪至 12 世纪的英格兰城市法在以下四个主要方面有所呈现：一是文本化的存在形态，

---

[1] Adolphus Ballard, *British Borough Charters 1042 – 1216*, Cambridge University Press, 1913, p. 112.

[2] See Adolphus Ballard, *British Borough Charters 1042 – 1216*, Cambridge University Press, 1913, p. 92.

英格兰城市法包括王国层面的相关法律规定和特许状，它们将城市法的形态固定下来；二是自治性的价值诉求，城市的治理权限是整体有效的，它的商业利导性削弱了城市的封建隶属和宗教附庸；三是市民权利保障的基本内核，城市中的个体享有专属的市民权利，城市法律秩序得以展开并不断具体化；四是严谨务实的法律运作，司法程序将城市法成功推向实践，城市法的实施与运行呈现出灵活实用的图景。这样的城市法，与其如伯尔曼教授所说体现了教会"改革并拯救世俗社会的热忱"，不如说更加以城市独特的生活方式为基础。

城市法的分化，是否全然排斥了外界的影响，尤其是教会法的影响？答案当然是否定的。中世纪的城市绝非生活于真空之中的乌托邦，教会法的影响力是不可否认的存在。比如城市公共生活颇为倚重的宣誓，本就具有不容置疑的宗教属性。无论是城市的建立、取得市民的资格还是司法裁判，市民个体之于信仰的坦诚乃是一种必要的伦理性、社会性甚至权威性的担保手段，且这种手段在中世纪的欧洲的社会背景下，具有相当广泛的社会认可度。不仅如此，城市重要的时间节点全部沿用了基督教会的节日，聚会的场所则选取市民来往较多的教堂，等等。不能否认，教会的仪式、话语、时间、场所与中世纪城市的生活方式是有所"交叠"的。从这个意义上说，伯尔曼教授选取"教皇革命"作为西方法律传统生成的关键点，其实是更加看中了这种交叠性，以及由此引申出的欧洲法律文化之同质性。当代德国学者尼可拉斯·鲁曼在这一点上肯定了伯尔曼的洞见，"伯尔曼提出了许多相关例证来证明，法律系统自主性生成的这项转变，早在11-12世纪的时候，就已经藉由整体法律文化的'革命'此一形式，而获得实现。"[1]

---

〔1〕　〔德〕尼可拉斯·鲁曼：《社会中的法》，李君韬译，五南图书出版集团2009年版，第83页。

中世纪的法律叙事：王国、城市与行会

　　无论如何，外部因素与城市法之间的张力，还需增加更为复杂性的解释。

　　首先，在精准观察英格兰城市法的基础上，不难发现教会法对城市法的影响并不具有绝对的必然性。中世纪城市法中的教会法因素，更多是基于城市因地制宜的选择，诸如仪式、话语、时间、场所的宗教属性，实际都具有情境、目的和条件的限制。细观之，城市法的核心结构更加符合城市自身的特征与需求——一定期限的自由状态而非宗教信仰构成市民资格取得的关键要求，商业便利而非封建依附转化为有力的制度性支持，市民法庭而非教会领主担当司法程序中的裁判者，法律文本、理性裁判等更加体现并服务于中世纪城市快节奏的商业生活。就此而论，城市法各项规定无一不是来自现实需要和经验智慧的总结。为此，城市法不惜牺牲体系完整性，各种法律规定几乎盘根错节，没有具体细致的部门法划分。以特许状为例，足见其包罗万象的经验主义、实用主义逻辑。这些关键性的内容表明，城市法首先是中世纪城市人物、利益、实践的统一体，城市法也借此在中世纪诸多法律秩序的夹缝中有了属于自己的根基。

　　其次，还应当看到，教会法并非唯一外在于城市的法律体系，王权和领主等其他法律秩序的影响力也不容忽视，尤其就英格兰的情况来看，王权的影响力又超过了其他。11世纪到12世纪的时段，不仅是英格兰城市法的活跃时期，也是英格兰王国的法律体系开始建立的时期。正如梅特兰教授所言，"12世纪初期的英格兰布满错综复杂的地方法院网"[1]。与英格兰城市法院并存的其他法院还有三类：第一，广大乡村保有古老的郡法院（Court of Shire）和百户法院（Court of Hundred），它们在英格兰封建体制正式形成之前就已经存在，于中世纪时期落入领主或宗教机构的手中。第二，领主

---

〔1〕［英］梅特兰：《普通法的诉讼形式》，王云霞等译，商务印书馆2010年版，第32页。

044

和庄园的法院，这些法院的存在是基于诺曼征服之后的封建占有与管辖。第三，地方性法院之上是英格兰国王的法院，这一法院的特殊性在于，即便是最为强势的封建领主，也要接受王座法院的司法监督，王室受理来自地方法院的上诉案件，负责国王相关案件的初审，还要调和不同领主、城市、庄园之间的纠纷。尤其12世纪后半期，亨利二世与大法官格兰维尔利用令状、巡回法院、起诉陪审团、职业法官、诉讼代理人等明显优于地方法院的诉讼手段，确立巩固了王室司法的权威，英格兰开始形成以王室法为"上"，诸多地方法院并存为"下"的王国法律体系，城市法并不是例外。从这个意义上看，英格兰的城市法虽然可以自成体系，却又在很大程度上融入了王国的法律。但是，融入并不等于被取代，城市诉讼的上诉程序并不等于城市法院的失灵，城市法院仍旧是市民事务的首要裁判者。大多数情况下，关于市民的裁判仅发生在城市的内部，且城市裁判可以取得一裁终局的既判力。就英格兰王室法院"令状先行"的繁琐上诉程序而言，除非市民可以举出充分的理由并且获得令状，否则只能服从城市内部的裁定而不得诉诸于上诉程序。实际上，城市法院的裁判节约了大量的诉讼资源，城市裁判的主动性和权威性是得到认可的，尊重城市法的效力，其实是王座法院、城市法院甚至其他地方法院之间达成的默契，而这种默契本身仍旧意味着分化。

　　最后，中世纪的城市法向何处去？中世纪晚期，法律经历了从"迷魅"到"除魅"的理性化进程。近代民族国家的崛起取代传统的封建王国，迅速接管了中世纪错综复杂的地方法律秩序，自上而下的司法、行政体系确立起来了。到了17世纪，传统中世纪城市的特许权力，尤其是中世纪城市曾经相对宽泛的政治权力、立法权力以及司法权力逐渐废除，城市法已经正式纳入民族国家的法律体系并运转良好。1835年英国《市政改革法》(Municipal Reform Act)撤销了许多传统的代议机构，以法律文本的形式再度界定了民族国家体系内的英格兰城市，它们仅作为重要的居住场所和商业中心而存在，保有征税、人口管理、城市规划等地方行政职责，城市与其他地区的同一性远大于差异性。无论如何，中世纪城市法的分化，仍旧遗留了重要的启发性线索。城市法界定了中世纪城市的特殊法律地位，区分了"城市"与"非城市"差别权利和义务，其实是"无心插柳"地首开行政授权、立法授权之滥觞。近代以后，专门领域的立法行为需依授权而成立，行政机关可以根据公民、法人或者组织的申请准予其从事特定活动，起点恰在于中世纪城市法的特许和区分。从近代英国的跨国公司，到遍布全球的海外殖民地，再到 19 世纪后期的专利制度、商标制度，无一不是始于此类特许的法律界分，它在客观上允准了因地制宜的法律适用，最终推动了新兴社会领域的开拓——发端于 11 世纪的城市法，就这样在人类法律文明的进程中留下了印记。这是伯尔曼教授尚未言明的问题，却是我们不应忽视的法律智慧。

图 3　理查德一世授予北安普顿宪章〔Charter of Richard I to Northampton（1189）〕[1]

---

〔1〕 图片来源：http://users.trytel.com/tristan/towns/florilegium/gvcons_i.html#charter，最后访问日期：2022 年 12 月 5 日。

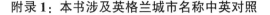

附录 1：本书涉及英格兰城市名称中英对照

London-伦敦，Oxford-牛津，Cambridge-剑桥，Burford-伯福德，Winchester-温彻斯特，Northampton-北安普顿，Lincoln-林肯，York-约克，Newcastle-纽卡斯尔，Colchester-克罗切斯特，Nottingham-诺丁汉，Bury St Edmunds-伯里的圣艾德蒙，Bristol-布里斯托，Preston-普雷斯顿，Stamford-斯坦福德，Chester-切斯特，Ipswich-伊普斯维奇，Dunwich-邓里奇，Warwick-华威，Shrewsbury-舒兹伯利，Canterbury-坎特伯雷，Pontefract-庞蒂弗拉克特，Leicester-莱斯特

附录 2：城市法所涉拉丁语/古英语与英语法律术语粗译对照

Adam（the accuser）and John（the being accused），burgagium（borough），burhmen（citizens），communa（community），conjuratio（oath），conventio（agreement），se intromittat（himself involved），firma burgi（strengthen of the borough），husting（assembly），hundretanorum（hundred men's court），medlee（affray），facto apparente（obvious deed），ex officio（on duty），mislocutio（mis-speaking），nameles fremeles（nameless clamor），prud'hommes（trust-worthy men），clamif（appellor），mort d'ancestor（death of the ancestor），deducantur（the being deduced），legale dictum（lawful statement），probi homines de placitis（trustworthy men of pleas），latrocinium（theft），infidelitate/infidelitas（felony/un-trustworthy），faciet justiciam（carry out the judgment）；aestimatio capitis（the price or value of a man）；landgafol（land rent）；Rectitudines Singularum Personarum（right of a single person），de tenemento clause（concerning an enclosed tenement），legare（to bequeath），retrait lignager（pre-emptive purchase），filiorum（the children's），retrait seigneuriale（pre-empt sales of land），reeve（pretor），pecunia（movables），forum（market），mercem（merchandise）， forum suum palpabit（market‒goods），stengesdint（a fine for striking another），rusticus（peasant），sicut（like），nativus（villein），quiete（peacefully），villa（town），ratione burgi（because of the borough）

（原文发表于《清华法治论衡》第 28 辑，略有修改）

近代化脚步：王后离婚与英格兰法制的变革

1527 年到 1533 年间，英国王后凯瑟琳为了抵制丈夫亨利国王的离婚请求，转而与其对簿公堂，却无意间促成英国的宗教改革运动，也点燃了法制和观念变更的导火索。

一、案情概述：王后与离婚

凯瑟琳祖籍西班牙。她拥有纯正的王族血统，父亲是西班牙国王斐迪南二世，母亲是卡斯蒂利亚女王伊莎贝拉一世。凯瑟琳 4 岁便与英国王储亚瑟订婚，16 岁时完婚，获封威尔士王妃名衔。但好景不长，亚瑟王子婚后不久死于瘟疫。老国王出于外交策略的考虑，在征得教皇特许的前提下，转而将孀居的凯瑟琳许配给小她 6 岁的新王储亨利。凯瑟琳作为王后期间，为英国外交与和平做出了积极的贡献，享有"英国第一女大使"的美誉，深受国民爱戴。

在凯瑟琳生活的时代，教会婚姻法已然成为欧洲婚姻家庭生活的依据。根据教会法，一夫一妻制婚姻是上帝的安排，已婚者在配偶去世前不得缔结另一桩婚姻。在离婚不被允许的情况下，婚姻的废除和分居实际成了离婚的代名词，但也受到严格限制。教会法庭不但赋予婚姻关系合法的效力，而且还拥有婚姻事务的裁判权。在天主教会的积极努力下，欧洲各王室公开的一夫多妻和纳妾现象基本消失了。但是，凯瑟琳的丈夫亨利国王却先后有过六次婚姻，情妇无数。如民谣所言："亨利八世，结婚六次，一死一活，两离婚，两砍头。"这当然都建立在与首任妻子凯瑟琳成功离婚的基础上。

20 余年的婚姻生活中，凯瑟琳为亨利生育了 6 次，却只养大一个女儿玛丽（后来的英王玛丽一世），其余都早夭。亨利认为女性继承人无法完成治理国家的重任，且深畏一则古老的圣经诅咒：弟娶兄嫂者无嗣。1525 年，凯瑟琳王后年过四十，求子心切的亨利与女侍官安妮·博林发生了婚外情。1527 年，亨利正式动议离婚，并建议凯瑟琳以"隐退修道院"的方式让出后位。坚定、刚毅的凯瑟琳王后断然拒绝，力主维持婚姻。

长达 7 年之久的王室离婚案就此拉开帷幕，而王后的抵制也始料未及地促成了英国新教的产生和婚姻法制的变革。

二、管辖权之争：离婚抵制及其"副产品"

管辖权问题是凯瑟琳离婚案的首要争点，它使王室婚姻逐步上升为国家的宗教政治问题。

根据既有传统，天主教会是婚姻家庭事务的仲裁者，罗马教皇可对欧洲各国王室贵族的婚姻行使终局司法裁判权。凯瑟琳王后本身是虔诚的天主教徒，她深知，若国王将离婚诉求提交罗马教廷，就几乎不可能得以通过，凯瑟琳对此充满信心，但身为女性和外国人，英国的形势对她非常不利。她无法信任国王指派的"顾问团"，只能暗中向教会法庭寻求帮助，并指使西班牙大使劝谏国王；她还向亨利哭诉，打起"感情牌"，令亨利一度举棋不定，离婚进展缓慢。

面对王后的抵制，国王的离婚只有两条路可走——要么说服罗马教廷，要么绕过罗马教廷转而确立英国就离婚事务的终局管辖权，而后者意味着以宗教叛逆撼动天主教在整个西欧的至高权威。旧爱难舍，新欢安妮夫人却已急不可耐，王后与国王的关系陷入僵持，离婚事态进一步升级。王后开始争取主动，她给自己的侄子——神圣罗马帝国皇帝查尔斯五世写信，请求制止亨利。国王则采取保守路线，试图说服罗马教皇判令自己的婚姻无效。他指使英格兰枢机主教、大法官托马斯·沃尔西向教皇申请离婚，还派遣大臣威廉·

奈特前去罗马教廷游说。此时的罗马教皇不想得罪势力强大的查尔斯五世，更难以推翻前任教皇批准的婚约，便在国王和王后之间保持观望，对亨利的诉求也迟迟不予批准。

1528年，教皇终于派遣特使坎佩齐奥主教抵达伦敦，却陷入更加腹背受难的境地。国王首先对主教施加压力，希望能够在英国本土迅速产生有利于自己的结果。境外的王后势力则要求取消英国的审判，将此案召回罗马教廷，转而获得有利于凯瑟琳的判决。

1529年6月，国王和王后前往红衣主教法庭接受特使的审判。庭审刚开始，凯瑟琳就以精彩的陈述博得了所有人的同情。审判断断续续进行了一个月，却未达成任何判决。坎佩齐奥特使将最终裁定权提交罗马教廷，凯瑟琳看似取得了初步的胜利。

国王没有俯首认输，并决计另谋他途。他先是不顾反对，公然将安妮置于王宫内的豪华住所，使安妮成为"国王所承认的配偶"，然后发动了轰轰烈烈的新教改革，力图甩开罗马教会的管辖权限制。他迫使英国教士任命国王为"教会之首"，坚称教会的最高权威不应该属于罗马教皇，而应该属于国王。他力主通过了相关宗教律法，使英国本土获得了境内离婚案件的至高管辖权。

1532年5月23日，由亨利任命的坎特伯雷大主教托马斯·克兰麦裁定，亨利与凯瑟琳的婚姻存在障碍，前任教皇的特许无效，随后又宣布亨利与安妮夫人的婚姻有效。亨利改凯瑟琳的封号为"亲王妃"并将其流放，玛丽公主则作为国王的私生女留在宫中。安妮加冕为英国王后，同年生下女儿伊丽莎白（后来的英王伊丽莎白一世）。

愤怒的罗马教皇裁定英国本土的判决无效，并以亨利犯有通奸、遗弃、重婚等罪名，判令革除教籍并不得永生，但一切都已经于事无补。凯瑟琳被迫搬到一座远离王宫的城堡中居住，但仍命侍从唤她"英国王后"。此后的第三年冬天，凯瑟琳在孤独与悲伤之中去世。安妮和新教改革却成为离婚抵制的"副产品"而获得成功。

图 4　英格兰国王亨利八世

图 5　英格兰王后阿拉贡的凯瑟琳

图 6　英格兰王后安妮·博林〔1〕

―――――――――

〔1〕　图片资料来源：https：//englishhistory. net/tudor/monarchs/henry－viii－wives/，最后访问日期：2022 年 12 月 5 日。

三、深层变革：制度与意识

凯瑟琳王后是封建男权制婚姻的牺牲品，但她长达 7 年之久的离婚抵制，间接地促成了英国的新教改革，也启发了守旧者与改革者对天主教婚姻制度的共同反思和修正，英国本土离婚法案的建立被顺势提上了日程。

这一"无心插柳柳成荫"的戏剧性结果，对凯瑟琳个人而言实在颇有讽刺意味。然而，王后对婚姻生活的坚定捍卫，表明"国王也未必可以轻而易举地离婚"，这不禁唤起民间有关女性和家庭问题的讨论，更预示着女性自我意识的觉醒和英国婚姻家庭制度近代化的来临。可以说，凯瑟琳输了官司，却意外地成就了英国婚姻学说、政策和社会意识整体的焕然革新。

自凯瑟琳一案始，英国婚姻家庭事务纷争的裁定被圈限于本土范围之内，再无变更。"不得离婚"的禁令也不再是铁板一块，新的制度在实践中得到了认可。凯瑟琳被驱逐之后，亨利八世对离婚法制的建设相当重视。他迅速成立了一个由主教、神学家、平信徒和律师组成的委员会来起草英国圣公会教规，婚姻家庭被列为重要议题之一。委员会递交了一份题为《论教规改革》的报告，建议新教圣公会颁布废除分居法的教规，并建立离婚法。报告中提出的离婚理由包括通奸、遗弃、长期离家不归而又杳无音讯、谋杀未遂以及做丈夫的无缘无故毒打妻子等，根本目的就在于提出一种较当时其他国家或天主教会更为开明的离婚政策。

权势与阴谋交织之下的王后婚恋故事最终影响到更深层次的社会意识。从 1527 年到 1533 年，国王与王后的"离婚拉锯战"引起了民众最为广泛的关注和讨论。在人员驳杂的乡间酒肆、教堂属地，人们对两位王后品头论足。凯瑟琳王后相当受欢迎，她的悲惨境遇唤起英国女性审视自己的婚姻，许多人收集《圣经》和其他的一些权威理论来支持凯瑟琳，并认为她是受到了不公正对待的妻子。不少贵族女性警告亨利执意离婚将危及国家福祉。至于安妮王后则褒贬不一，凯瑟琳的支持者憎恨安妮，诅咒她是个淘金者、女巫、异教分子，但也有人认为她时髦、性感、受过良好的教育，与国王有真挚的爱情，可以作为英国的王后。

王后的悲欢离合在坊间传播，人们的观念意识也在缓缓地接受变革。爱情、女性、离婚等新的命题摆在民众面前，传统与革新的思想在人们的头脑中碰撞，而更为开放、人性化的近代女性观和婚姻观就这样顺理成章地处于酝酿之中了。

（原文发表于《人民法院报》2012 年 3 月 23 日，略有修改）

第二编

城市的法:威尼斯

中世纪城市法律体系概观：
商业理性、实用性与过渡性

城市与城市法缘何而生

城市法（Urban Law）是指中世纪的西欧城市所适用的法律。这种法律制度伴随着欧洲中世纪后期城市商业活动的兴起而逐步形成并发展，主要法律渊源有城市特许状、城市立法和行会章程等，内容涉及城市治理、市民法律地位、民事权益以及司法诉讼等多个方面。与同时期欧洲封建法、庄园法体系相比，城市法是一种颇有独立色彩的法律体系。

城市法起源于中世纪西欧城市的复兴，新兴城市的格局可以与欧洲商路的分布大致吻合。早在罗马帝国时期，城市已经作为国家的有机组成部分而存在，城市市民还在一定程度上享有选举城市长官的权力。[1]公元476年西罗马帝国灭亡到公元9世纪，遭遇蛮族入侵的欧洲动荡频仍，包括城市在内的古代西方文明迅速衰败。自公元11世纪始，欧洲农业生产趋于稳定，工匠、手艺人及生产者阶层也迅速兴起，社会生活产生了大量的剩余产品，跨地区的商业贸易往来频繁。在濒临港口和交通枢纽的地区，商业据点基尔克公社组织（gild）发展并固定为城市，开始吞并近邻的国王属地、封建农庄和教

---

〔1〕 参见［美］孟罗·斯密：《欧陆法律发达史》，姚梅镇译，中国政法大学出版社1999年版，第234页。

会辖区。[1]与此同时，某些具有开拓思维的教会领主和封建贵族们也围绕城堡（burg）建立城市，鼓励商贸发展，希望从中收税。这些新兴的商业城市与残存下来的古代城市一起，以独立或自治的形式从封建采邑的网络中逐渐脱离。[2]在亚平宁半岛的意大利北部沿海地区，城市生活得到了最早的发育，并扩及欧洲内陆及不列颠诸岛。12世纪晚期，西欧城市大都初具规模。这一时期，西欧总人口约4000万，城市居民已达400万之多。14世纪早期，威尼斯（Venice）、佛罗伦萨（Florence）、巴勒莫（Palermo）、巴黎（Paris）四城的人口均已超过10万人[3]。在13世纪到15世纪之间，大约5000个新兴城市在欧洲出现并活跃起来，中世纪的城市也就正式登上了历史的舞台。

在不断巩固城市社会形态的过程中，城市法律体系逐步确立起来。市民阶级以城市为平台，提出了超脱封建等级关系之外的权利诉求，使西欧封建社会的内部出现了"筛孔"。在新兴城市的范围内，市民阶级突破了封建传统的人身依附关系，废除领主赋税，从事自由商业和手工业活动。他们不仅要求广泛的地方治理，使城市社会关系在最大程度上独立于封建社会体系，还渴望人身自由以及稳定的法律关系，并使之发挥保障安全、建立秩序的积极作用。[4]

---

〔1〕 参见［比利时］亨利·皮雷纳：《中世纪的城市》，陈国樑译，商务印书馆2006年版，第86—89页。另参见 Otto Gierk, *Political Theories of the Middle Age*, translated by Frederic William Maitland, Cambridge University Press, 1900.

〔2〕 参见［美］孟罗·斯密：《欧陆法律发达史》，姚梅镇译，中国政法大学出版社1999年版，第235页。

〔3〕 参见［美］哈罗德·J·伯尔曼：《法律与革命——西方法律传统的形成》，贺卫方等译，中国大百科全书出版社1993年版，第86—89页。

〔4〕 参见［美］泰格、利维：《法律与资本主义的兴起》，纪琨译，学林出版社1996年版，第79页。有关封建束缚的薄弱，当时有一个很有代表性的故事，讲的是英格兰农奴戈德里克不安分于采邑劳作，经常蓄意去海滩，拾捡从海上漂来的商品和其他东西，捡得多了就去参加商队。戈德里克东走西闯出售货物，日积月累居然发了一笔大财。

在与封建制度的周旋与反抗斗争中，城市法律典章制度形成了。

　　同时代的罗马法复兴运动为城市法的兴起提供了智识上的支持。11世纪罗马法的复兴就发生在城市云集的意大利。此后，西班牙、英格兰、德意志、法兰西等地先后受到罗马法复兴的影响。在此背景之下，活跃在城市中的罗马法学家、政治思想家对城市法的兴起进行了论证。他们重新解释罗马法，在城市法律体系中注入古代希腊罗马的法律精神。意大利北部的城市法学家巴特鲁斯（Bartolus，1314-1357年）与其他城市法学家一起，从法律的角度为城市辩护。根据巴特鲁斯的政治设计，城市最高权力机构应当是由全体公民选举的议事会或全体会议，再由全体会议选举产生一个由"执行者"或最高行政官员召集的较小的议事会。小议事会再根据需要任命一定数量的官员，负责履行比较专门的统治职责。[1]如果统治者不能按照民众授予他们的权限行事，民众可以撤换他们。这种政治设计是同期多数城市政治结构的真实写照。中世纪著名市民阶级政治思想家马西略（Marsiglio of Padua，1275-1342年，又译帕多瓦的马西利乌斯）也认为，城市立法权属于市民，城市官吏也应由市民选举产生，他们的职责和权限应该由市民确定。对于滥用权力的官吏，市民可以取消和收回他们的权力。[2]

　　在商业经济和民主思想的基础上，中世纪的城市建立起一套全新的法律体系，较早地迈出了西欧社会"法律主治"的步伐。城市法包括特许状、城市立法与行会章程等诸多法律渊源。它构成了中世纪城市社会经济活动的行为准则，成为市民发挥治理能力、调整社会关系的有效途径。城市法是中世纪西欧城市社会的重要属性，也是整个欧洲法律制度史中不可缺少的部分。

---

　　〔1〕　参见徐大同主编：《西方政治思想史》，天津教育出版社2002年版，第87页。
　　〔2〕　参见［英］沃尔特·厄尔曼：《中世纪政治思想史》，夏洞奇译，译林出版社2011年版，第215页。

城市法的外观形态

城市法律体系首先体现为多样性的法律渊源，大致包括特许状、城市立法以及行业章程等，其约束范围和法律效力依次递减。以形式而论，城市法律渊源没有明确的部门划分，刑法、民商以及司法诉讼等内容在城市法律体系中盘根错节。就内容而言，同一法律渊源内部可能既规定了公法性质的城市机关运行、城市对外交往以及刑事处分、司法制度，又可能规定了私法意义上的商业往来、城市市民的权利义务等。

一、特许状

特许状（Charter）是规定王权、教权或封建主与城市之间权利义务的公法性文件，一般由城市原本受辖的封建主颁发，是城市自身的斗争、赎买所得。中世纪的城市大都拥有专属的特许状，其内容不同程度地确立城市以及市民权利义务，限制了国王与领主对于城市的权力，是一种封建的权利转让书。

城市特许状的权利义务体系经历了逐步发展完善的过程。兴起之初的中世纪城市大都依附于世俗或教会的领地之内，服从封建领主的管辖。随着城市社会经济实力的发展，市民阶级要求摆脱封建捐税、实现城市自治的需求越发强烈，遂以金钱赎买[1]、武装起义等手段逐步争取权益，而将这种权利义务关系确立下来的书面文

---

[1] 市民在获得这些特权的同时必须给国王和封建主支付大量金钱。在亨利一世时期，伦敦市民给国王支付了 100 银币，从而获得了选举自己的治安官的权利；林肯市民支付了 200 银币和 4 金币可以选举他们的市长；牛津市民支付了 200 金币可以成立他们的商人行会；在亨利二世时期，剑桥市民支付了 300 银币和 1 金币获得了包税权，而且国王的治安官不得随意干涉市民。See W. Stubbs, *Select Charters and Other Illustrations of English Constitutional History from the Earliest Times to the Reign of Edward I*, Oxford：Clarendon Press, 1957, p. 196. 另见 ［美］孟罗·斯密：《欧陆法律发达史》，姚梅镇译，中国政法大学出版社 1999 年版，第 234-235 页。

件就是特许状。[1]最早一份注明为 967 年的法兰西城市特许状,仅给予居民免受封建奴役的权利。同时期的另外一些特许状,也只允许开办集市或市场的自由。年代稍晚的特许状体现出封建领主的较多让步,全面的政治结构与市民权利体系开始确立。自 11 世纪始,多数城市只要向国王或领主缴纳一笔数额较大的款项,或者每年缴纳一定的税金,就可获得特许状,从而赢得城市自治。教会城市取得独立的难度较大,但借助反抗和斗争也能够顺利取得特许状。这一时期,特许状开始授予市民阶级消除领主恣意征税、稳定租金劳务、确保商业利益及司法公正、废除征用制及决斗断讼等特权。12世纪,特许状已经在最大程度上允许城市的自治,规定城市有权进行预算、保有军队、制定法律、拥有自己的法官等。

此后,城市特许状的地域影响不断扩大,而颁布时间、地点有异的城市特许状所涉内容也渐趋一致,主要包括城市独立、财产关系、公民权利以及司法诉讼等多个方面。以地域而论,13 世纪以后,包括英格兰、德意志、法兰西、意大利在内的整个欧洲地区城市纷纷取得特许状,可谓城市法盛极一时的真实写照。这一时期,城市特许状具有一定的共通性条款,即在确定领主征税和市民租税的同时,授予城市制定法律、建立机关、拥有商业行会的权力,并确认市民人身自由,还规定市民可以享有并使用城市土地、管理市场、从事商业活动、加入行会组织等。

特许状是城市法的首要渊源。它搭建了城市法律体系的基本框架,是其他城市法律渊源的"上位法",具有至高的法律效力。在特许状的约束范围内,中世纪城市的自治地位确立起来。城市公权力、市民人身自由、城市财产关系、司法诉讼、军队的装备和风纪等内容,也都框定在法律的范围之内。尽管特许状不像近代宪法那

---

[1] 参见 [法] P. 布瓦松纳:《中世纪欧洲生活和劳动(五至十五世纪)》,潘源来译,商务印书馆 1985 年版,第 199 页。

样经过了有步骤的工作和立法讨论，但正如伯尔曼所言："城市法在大多数场合是根据成文的特许状建立起来的，这些既是政府组织的特许状，又是市民权利和特权的特许状，在时效上，它们是最早的近代成文宪法。"[1] 特许状明确了新兴城市秩序的法治化走向，为城市法体系奠定了根基。

二、城市立法

城市立法（Statutes）的规范权限来自特许状，是位居其次的法渊源。它是获得自治的城市权力机关为适应本城自身的发展需要而颁布的法令、条例等，主要包括既有规则、城市社会习惯的整理和汇编，内容涉及城市与领主的公权力关系问题，以及商业、手工业、教育、社会救济、治安等城市管理问题，也有刑法规范和诉讼法则。最早的城市立法是用拉丁语写成的，表达风格比较原始粗糙，技术也不够成熟，只是一系列的习惯、规则按颁布时间的简单罗列。如9世纪伦巴城（Lombard）的伦巴法汇编、9世纪至10世纪的阿玛斐城（Amalfi）海上法、10世纪后半叶的热那亚（Genoa）城市法、比萨（Pisa）城市法均属这种早期的城市立法。13世纪以后的城市立法趋于成熟，如米兰（Milano）城市法、德国《萨克森城市管辖法》等均更好地起到了适应社会变迁、调整城市生活的作用。按照立法技术与目的的差异，城市立法分为法典立法、专门立法和协定立法三种。

（一）法典立法

城市法典立法包括法典编纂和习惯汇编。严格意义上的法典编纂是法典立法的最主要形式。它发端于城市权力机关的决议和授权，由专门立法委员会进行编辑和修订。立法委员会的人数或多或少，可能在编纂完成之后解散，也可能成为永久性的立法机构修改并增

---

〔1〕 ［美］哈罗德·J·伯尔曼：《法律与革命——西方法律传统的形成》，贺卫方等译，中国大百科全书出版社1993年版，第487页。

进立法，称为"修订委员会"（Revisers）。

　　一般而言，法典编纂的体例分为4卷到5卷。第一卷是严格的公法，第二卷是刑法，第三卷是诉讼法，第四卷是各种杂项，第五卷通常是城市在工业、商业、农业等方面的法规。德意志布雷斯劳（Breslau）法就是城市法律编纂的典范，它包括5册共465个条款。第一册是公法规范，主要规定市议员的选举、配置、权利义务及其行为的公开性和有效性。第二册是司法组织和诉讼程序，包括法官的选举和报酬、开庭时间和地点、各种法院的管辖权以及有关法院费用、财产授予、仲裁、决斗、法庭上的他人代理等一些程序问题的规定。第三册叙述权利侵害的种类，如受民事诉讼指控的伤杀案件，侵吞财物、伪证、高利贷诈骗、伪造等各种侵权案件，还有担保、抵押和宣誓债务，继承人对死者债务的责任等，规定侵权救济方法包括扣押财产、放逐法，并附有相关诉讼程序的证据规则。第四册是家庭法，其中包括与家庭成员在家庭遗产方面的权利规则。该册的第一部分涉及嫁妆、婚姻契约和继承契约，家长、妻子和子女处置各类家庭财产的权利。第二部分涉及继承法和监护关系。第五册包括23个条款，它将不宜放在前四册章节里的各种各样的重要法律规则和判决进行了汇集。[1]

　　习惯法汇编是法典立法的另一种形式。它对本地区所承认的各种习惯、城市法院判例进行整理、记录造册并承认其法律效力，其体系性弱于城市法典编纂。公元10世纪，意大利比萨城汇编城市习惯而成的《比萨习惯法》，影响力遍及撒丁岛（Sadinia）、科西嘉（Corsica）以及马赛（Marseille）等地。

　　（二）专门立法

　　专门立法是城市立法的第二种形式。它由不同的城市机构据职

---

　　〔1〕 参见〔英〕梅特兰等:《欧陆法律史概览:事件，渊源，人物及运动》，屈文生等译，上海人民出版社2008年版，第254—257页。

权拟定，包括民商、刑事等较为单一的内容。例如，意大利曼托瓦
（Màntova）的城市税务部门就制定税法。威尼斯还著有 1181 年《麦
尔菲克罗姆法典》（Promissione maleficiorum）[1] 及其 1232 年的丹多
罗修正案（Promissione del maleficio of Dandolo-Tiepolo）。

　　海商立法（Maritime Commercial Law）是最为典型的城市专门立
法。12 世纪前后，地中海上的运输贸易为商业专门法提供了丰富的
现实资源，颁布于公元前 3 世纪的《罗德岛海商法》又为这一时期
的海商规则提供了范本。13 世纪末，随着海上贸易活动的频繁开
展，为了协调海上贸易关系，保障彼此的利益，商船主之间、城市
港口之间等就必须遵守为处理纠纷而产生的彼此共同认可的传统习
惯和原则。后来，有的地方将这些习惯和原则汇编成册，海商法就
这样随着海上贸易的繁荣而得到发展，成为中世纪海事法庭审理有
关船舶和航运方面纠纷的依据。港口城市如阿玛斐、比萨、热那亚、
特拉尼（Trani）、安科纳（Ancona）和威尼斯，都相继颁布了海商
法典。意大利西南沿海城市阿玛尔斐的"阿玛尔斐表"直到 17 世
纪仍属有效的海事法律。此外，西班牙巴塞罗纳海事法院的《海事
习惯法汇编》（Consolato del Mare，13 世纪末-14 世纪）、意大利威
尼斯的《海运法令集》（The maritime legal codes of Venice，1255）、
比萨和热那亚的海事规则及其成文法典，都是海商立法的典型。随
着地区海商交往的日益频繁，各地专门性的海商立法逐渐融为一体，
构成了后来欧洲"共同商法"（Universal Commercial Law）的一部分。

　　（三）协定立法

　　协定立法一般是城市内部"约定的法"，是城市"协定"（Bre-
via）、"条例"（Ordinances）、"誓词"（Promissiones）等的汇集。城
市"协定"来自执政官宣誓或民众宣誓，因其内容涉及执政官与城

---

[1]　作者注：maleficiorum 在拉丁语中原意为犯罪、侵害、欺诈等意，因内容主
要关于犯罪与刑罚，此处为音译。后文参照法典的核心功能暂译为《刑典》。

市民众的权利义务协定性内容，故有约束城市行为的法律效力，称为"协定立法"。在中世纪的欧洲，公职人员就职必须宣誓，誓词规定其在履行职能时有义务遵循的详细规则，市民也要对参与城市生活、服从城市执政的行为宣誓，再由城市书记官记录在册，作为日后政绩评价的依据。宣誓的内容一般规定市民在城市活动中的行为准则，是一种"协定"性质的"约法"，违反宣誓的执政官或市民都将受到处分。

此外，中世纪后期城市同盟所制定的城市同盟法令，也可被看作参加同盟的城市间的协定立法。至中世纪后期，欧洲各商业城市为协调彼此的关系，保证共同的贸易利益，结成城市同盟，制定了城市同盟法，如著名的"汉萨同盟"（Hanseatic League）就曾经制定过《汉萨海上规则》。城市同盟法对参加城市同盟的城市都有约束力。

城市协定具有应时性和针对性，各种内容的协定随着时间的推移层出不穷，如人民的"协定"、执政官的"协定"、市长的"协定"、会议的"协定"、法官的"协定"等。经过城市机构的集中汇编和整理，"协定"以低成本、高效能的特征不断衡平着立法编纂的疏漏，是城市法律渊源中的"万金油"。

三、城市行会章程

城市行会章程是城市行会组织的内部行为规范，其法律效力及于行会内部成员。行会是城市商人和手工业者为维护自己人身和财产安全而组织的社团，也是中世纪西欧城市解决商业与劳动问题的组织，本质是一些不依附于任何权力的自治团体。11世纪后半叶，城市兴起所带来的"团体"或"基尔特"就有自己的立法，只是这时的法仍然带有强烈的宗教色彩，往往利用内部规章处罚其成员的渎神、赌博、放高利贷等行为。13世纪前后，随着城市的规模不断扩展，早期基尔特分支而成的各类商人行会、社区行会、手工业者行会、慈善社团、兄弟会以及其他的具有世俗性质的行会遍布各地。15世纪中期，英国约克城（York）的仅手工业行会组织就达

51 个。[1]通常情况下，城市手工业者们求得联合令状，使行会章程成为正式有效的法律文件，城市长官也在其权力范围之内促成行会规章的成文化。之后，行会在城市中发挥更加重要的作用，它不仅处理内部事务、调整商业活动，而且属于城市的非正式管理机关，具有一定的行政组织职能，行会章程也在实际上具有城市公认的法律效力，继而成为城市法的又一渊源。

特许状、城市立法、城市行会章程是中世纪欧洲城市法的三大法律渊源，在内容上，它们涵盖范围涉及公法、私法、诉讼等多个领域，构成了城市法内容庞杂的基本法律体系；在功能上，它们适应了地方的习惯和需要，其法律文本及习惯、原则都成为城市生活中的恒久制度，具有普遍的实用价值。

城市法的主要内容

一、公法之维

（一）自由之基

中世纪法谚有云："城市的空气使人自由"。城市法最先确认城市自治，规定城市事务多由民众自决，对封建领主权力进行严格的限制。在封建主义和基督教会充斥的中世纪欧洲，人们大多被束缚在土地上，自由可谓难以企及的奢望。地处于欧洲封建势力边缘地带的中世纪城市，为建立商业和贸易活动所需要的宽松、自由的社会环境，同封建领主和教会集团进行了积极而不乏策略的斗争，并将自治权益以法律的形式加以确定，具有了独立自由的立宪主义色彩。根据城市特许状的规定，城市向封建领主纳税，后者放弃对城市的行政统治权和司法管辖权，城市自治机构顺势获得合法的执政

---

[1] See D. M. Palliser, *The Cambridge Urban History of Britain*, Volume I（600 – 1540）, Cambridge University Press, p. 461.

地位，城市市民可以选举市长、城市治安官、法官等。11 世纪初，确认城市自治的特许状文书在英格兰、法兰西、德意志、意大利等地区的城市纷纷登场。1066 年诺曼征服后，英国伦敦（London）、约克等地区相继获得特许状，征服者威廉颁发给伦敦的特许状确立了伦敦地区的城市地位，并成为其他城市特许状的范本。1106 年，德意志科隆（Cologne）的一次起义确认了独立城市政府特许状。1127 年，法兰西威廉·克里托伯爵授予的圣奥梅尔（Saint-Omer）特许状表示，威廉确认圣奥梅尔的法律和习惯以及市民们所宣誓效忠的公社的独立性，规定公爵未经商人们选举不得任命任何首席行政司法长官或教士。13 世纪，德意志亨利七世授予纽伦堡市（Nürnberg）的特权令，也是对市民自治权力的确认。类似的特许状使威尼斯、佛罗伦萨等地建立起贵族或民主议会形式的政体结构，并持续运行数百年之久。无怪有学者认为，"在古代世界中所未发达之代议政治，其最初出现于欧洲，或法意两国之城市。"[1]

　　城市市民享有中世纪社会最大限度的公民自由，这种自由主要得益于"一年零一天"的城市法律规定。根据这一内容，迁移到自治城市里的农奴居住时间满足"一年零一天"即可获得人身自由。英王亨利一世授予泰恩河纽卡斯尔（Newcastle upon Tyne）的特许状规定："如果一个农奴来到一个自治城市，并在城内住满一年零一天，那他以后就是一个市民了，并且可以继续住在这个城市里，除非他先前被他的领主通知或者是他本人自己的意愿而只在这个城市里呆一段时间。"[2]法王路易六世赐予巴黎地区的特许状中说：

---

〔1〕　〔美〕孟罗·斯密：《欧陆法律发达史》，姚梅镇译，中国政法大学出版社1999 年版，第 234-235 页。

〔2〕　University of Pennsylvania, Department of History, *Translations and Reprints from the Original Sources of European History*, University of Pennsylvania Press, 1898-1912, p. 6. 转引自冯正好："中世纪西欧的城市特许状"，载《西南大学学报（社会科学版）》2008 年第 1 期。

"任何人只要在城里平安生活一年零一天，便可获得自由，以前的主人不得对他提出任何权利主张。"[1]德意志城市特许状规定农奴从领主的领地逃到城市住满一年零一天，就确定无疑地享有了自由，取消了农奴的身份和封建主的权利。

城市公民自由最终以军事自主权加以保障。通观整个中世纪时代，城市基本以独立的军事武装活跃在欧洲政治的舞台。起初，迫于领地军事防御的需要，国王和封建领主通常在特许状中规定，城市自由民有义务拿起武器保卫给予其特许权者的领地，须自备马匹武器应征入伍服役。但从12世纪开始，特许状逐步豁免城市的军役义务。后来，城市保卫自身安全的责任获得认可，它们建起高高的城墙及护城的沟壕，由市民自行组织防卫与治安工作。13世纪以后，随着城市与封建领主权利义务关系的松弛，封建主逐步承认城市有自主宣战、媾和的权力。如法国普罗旺斯（Provence）曾经在不同时候与热那亚和比萨结成同盟，意大利城市佛罗伦萨、米兰曾结成康布雷联盟围攻威尼斯，威尼斯则与神圣罗马帝国结盟进行反抗。

（二）法治之维

在城市的政治生活中，法律与权力的关系正如西塞罗所言，"官员是说话的法律，法律是不说话的官员"[2]。那时，城市常设权力机构的选任、职责、任职期限，都严格限制在法律的范围内。

城市的政治活动受到法律和政治习惯的约束，最典型的例证是通过协定立法限制官员权力。城市官员在就任之前，必须在按预定誓词对全体市民宣誓，协定即成立。上任后，每隔一段时间还要重复宣誓一次，以强化其效力。行政长官的誓言只在本人任内有效，

---

〔1〕 C. Stephenson, *Borough and Town*: *A Study of Urban Origins in England*, The Mediaeval Academy of America, 1933, p. 29.

〔2〕 ［古罗马］西塞罗：《论共和国 论法律》，王焕生译，中国政法大学出版社1997年版，第255页。

每位长官上任时都必须重新立誓。从形式上看，这些誓词和协定宛如一份份合同，其内容以权力限制条款为主。根据 1229 年威尼斯总督誓词的要求，总督除法定薪酬外不得谋取额外收入；必须保守国家秘密，不得与国外领导人有私人文书往来；不得提名总督后继人等。这类誓词不仅对官员的行为具有直接的约束力，还成为卸任后考察评判执政官业绩的法定标准。有的城市还成立专门委员会负责监督和调查誓词的践行情况。在新旧执政权力交接期间，调查委员会将一方面对卸任官员执政期间的一切违规失职行为进行审查，发现问题立即处理；另一方面不断总结经验教训，对誓词协定的内容及时做出修订补充。

城市法还规定了城市执政官员的有限任期制度。11 世纪后期，意大利城市普遍采用政府官员的有限任期制。根据城市惯例和誓词，城市执政通常每年选举一次。城市行政职务中的军事首领、最高行政官和公社的首席法官任期常常限于 6 个月，而且不得连选连任。

（三）体系结构

城市政治权力从未集中于少数贵族寡头手中，而是由数以千计的贵族以权力制约和民主表决的方式共同分享。平民虽无权接近权力体系的中心，但没有被完全排除在国家事务之外，他们仍可在边缘之处以其特有的方式对政治生活打上自己的印痕。

第一，城市机关的分工合作。

城市政府是由若干独立机构组成的，每个机构都有自己的职责范围，权力系统呈现多元分割结构。城市机关多由城市议会、城市法院、执政及具体行政机构组成。在享有完全自治权的城市共和国以及自治城市，市议会产生于市民选举或贵族世袭，是城市的立法机关、公职选任机关和最高权力机关。城市议会选举产生行政长官，并每年更换。在行政长官之下还设有执行具体行政事务的行政人员，如征税官、法官等，各地人数不等。城市机构的分工避免了权力过分集中，独裁政体在中世纪的城市几乎没有出现。

在城市政体运行的过程中，各机构之间保持分工合作关系。尽管城市议事会控制着国家立法权和公职任免权，居于权力系统的中心位置，却没有执行权，其意志必须获得行政机构的支持和配合才能得以落实。城市执政官是城市政府首脑，有"类君主"的地位和作用，但该职务往往由多人分任，且复杂繁琐的选举程序又成为约束权力随意性的"勒绳"。[1]在权力行使的过程中，大议事会和城市法院有权弹劾和惩戒违规越权的执政。但是，城市执政本身毕竟是城市统一体的象征，可以凝聚社会共识，往往周旋于各个权力机构之间，发挥着"权力连接带"和"政府均衡器"的特殊作用。这样，城市各个机构之间呈现出了相互分工合作的特点。

第二，城市民众的社会力量。

城市平民能够通过各种不同方式参与和影响政治生活，既是城市开放性的表现，也是贵族与平民社会关系相对和缓的反映。而这种相对缓和的社会关系，正是城市得以生成与稳定运行的深层社会基础。不可否认，中世纪的自治城市仍然具有浓厚的贵族政治色彩，许多城市的贵族身份意味着从政资格，贵族阶层与统治阶级重合一起。不过，城市的贵族已经淡化了严格的等级之分，甚至在有些城市中，原本需要在内部严格划分层级的贵族具有同样的地位，使用同样的称号。[2]所以，城市本身并未出现封闭型的贵族寡头集团，政治生活始终保持着一定程度的开放性，从而给平民阶层保留了部分政治参与空间。

首先，平民直接参与城市政治决策。市民运动催生了中世纪的

---

〔1〕 绝大多数城市的执政数目通常为4-12名。以米兰为例，1117年，米兰有18名执政，1130年有23名，1138年有4名，1140年有8名，1141年有6名。

〔2〕 参见［美］斯科特·戈登：《控制国家——从古代雅典到今天的宪政史》，应奇等译，江苏人民出版社2001年版，第148页。

城市，并就此成为影响城市命运的主要力量。由民众集会选举出来
的有固定任期的执政来进行公社自我管理的制度，于 12 世纪前后出
现在欧洲的许多城市。在 1084 年的比萨、1093 年的阿斯蒂、1098
年的阿雷佐、1099 年的热那亚、1105 年的帕维亚、1123 年的波伦
亚、1125 年的锡耶纳、1127 年的布雷西亚、1138 年的佛罗伦萨以
及 1300 年的伦敦，均有这种选举执政的记录。除此之外，城市市民
还参与制定法律、宣告和平和战争以及批准条约。

其次，平民以担任事务性官职发挥政治影响。政治性官职即掌
管决策的政务官虽为贵族所把持，但事务性官职即掌管执行的事务
官主要由平民担任。在数量上，事务官和政务官大致相当，且任期
长久，较为稳定。所以在具体的行政管理和政策实施中，事务官具
有实际影响力。各政府部门都有相当数量出身平民的秘书人员，助
理日常工作。[1] 这样，通过担任事务官，平民渗透到了国家政治体
制内部，尽管仅处于体制的边缘末梢，但毕竟可以通过"自下而
上"的政治博弈对政治生活发挥直接影响。

最后，平民经常采用的另一体制外政治表达和参与方式，就是
通过声讨、抱怨、散布舆论，向当权贵族施加压力。如平民有时抱
怨政府失职、市场供应不足，批评某个案件判决不公，声讨某项外
交政策失误，等等。为平息平民的不满，当局有时不得不采取改进
措施，甚至做出政策调整。

二、私法重商主义

在公法体制的庇护之下，城市私法以商业化的社会生活为核心
调整对象，建立起以人法、物法以及商法为主要内容的一套私权法

---

[1]　他们一般都在政府开办的人文学院预先学习过行政管理知识，然后以公证
员、抄写员、档案保管员、许可证发放员、信使、会计、出纳、保安、侍卫等身份进
入政府机关，协理政务。

律体系。

（一）人法

摆脱了封建土地关系的束缚，城市社会生活以商为本，而商业社会环境与政治结构的演变确定了城市人法的内容与商业化倾向。

城市各主要社会阶层都有商业化色彩。处在城市塔尖上的是上层人（Maiores），也就是拥有土地和财产并且在城市中享有较大权力的贵族。封建土地贵族在城市仍然存在，但他们均参与城市商业活动。然后是中间阶层（Mediocres），主要由商人构成，他们以自己的名义从事商业活动并获得利润，享有经营权、商号权和起诉权等，同时负有制作并保存商业账簿、不得欺诈等责任。[1]在佛罗伦萨，城市商业阶级又名"白人"，与称作"黑人"的贵族群体相区分。[2]最后是下层人（Minores），即城市民众（Popolani），他们由底层阶级的手工艺者和工人组成，流浪者、逃跑的农奴在"一年零一天法律"的庇佑下也取得这一阶层的市民资格，并构成了城市居民的大多数。[3]值得注意的是，由于商业财富的流动性、周转性较强，城市各阶层之间不是严格封闭的——不同等级之间可以互相通婚，城市商人和平民能够通过勤劳智慧掌握大量社会财富，富人贵族却可能因为经营不善而贫困潦倒。[4]

城市贸易往往是家庭的事业，家庭内部的夫妻之间也形成了相互尊重、相互依存的婚姻"事业关系"。[5]取得了自治权的市民遵

〔1〕 参见何勤华主编：《外国法制史》，法律出版社2006年版，第119页。

〔2〕 参见［英］杰弗里·帕克：《城邦——从古希腊到当代》，石衡潭译，山东画报出版社2007年版，第77页。

〔3〕 参见［英］杰弗里·帕克：《城邦——从古希腊到当代》，石衡潭译，山东画报出版社2007年版，第73页。

〔4〕 参见［法］罗伯特·福西耶主编：《剑桥插图中世纪史（950～1250年）》，李增洪等译，山东画报出版社2008年版，第348页。

〔5〕 参见［美］斯蒂芬妮·库茨：《婚姻简史：爱情怎样征服了婚姻》，秦传安、王瑶译，中央编译出版社2009年版，第123页。

循城市的婚姻缔结形式，较少受到封建领主和教会的监督。尽管男性家长有权利和义务确保缔结合适的婚姻，但城市里有媒人介绍婚姻，并试探双方的关系能否继续发展。在热那亚，同一行当内的娴熟工匠经常彼此通婚，而且，他们的婚姻契约上开列出了各自带到婚姻中的生产工具和存货清单。一般而言，男性只有在结婚之后，才有资格成为陪审员、典狱官及其他地方官员。在 14 世纪的伦敦行会都要求男性提升为行会师傅必须以结婚为前提。[1]

在婚姻关系存续期间，尽管女性的法律地位仍然低于男性，但家庭财产基本由夫妻共同经营。根据城市法律习惯，已婚男子成为完全的民事行为主体，已婚的妇女则是"受丈夫庇护的女人"（Feme Covert），实际是一种身份和法律地位的限制。但是，妇女可以请求当局解除这种"庇护"，成为"市场妇女"（Marktfrau），并可以像没有丈夫一样，进行商业活动，独立承担债务，还可以雇佣学徒和订立契约。男性有进行财产管理、契约订立、继承分配等权利，女性除了抚养子女以外，也可出面替丈夫打理家业。她们或者掌管家族账目，或者在店里帮忙，还能于丈夫不在时作为他的代理人，有"准老板"之称。有时候妻子也可以独立经营产业，并与丈夫的行业互补，比如屠夫的妻子就可能以制作香肠为业。1363 年的伦敦城市立法甚至认可了女性的这种经营权益。此外，市民不顾教会对离婚行为的反对态度顺利解除婚姻关系的案例，也在城市中广为存在。

城市中自然人最基本的组织方式是行会，这也是最大的市民经济单元。从法律上看，它是一种市民的自治机构，具有一定的行政管理职能。行会不仅订有行会章程，还有固定的活动场所，具备社

---

〔1〕 参见 ［美］斯蒂芬妮·库茨：《婚姻简史：爱情怎样征服了婚姻》，秦传安、王璠译，中央编译出版社 2009 年版，第 124-125 页。

会交际、慈善事业和宗教活动等许多功能，但以经济功能为主。[1]
城市贸易的各领域都有自己的行会，如大工艺协会（Arti Maggiori）
就是从事诸如羊毛、丝绸、染色这样的重要贸易行会，它们关注长
距离贸易，而且与金融、船舶制造等活动密切相关；小工艺协会
（Arti Minoriori）则从事像面包、奶酪、皮革和锁钥制造这样次要生
意的行会，它们更愿意与邻近城市进行小型的贸易合作，通常财富
不多。行会中的师傅（Master）经营着自己的行当，同时监督着其
他的工匠。按照章程，年轻人加入行会先要充当学徒（Apprentice）。
学徒期可长可短，最长的有时候要 7 年，结束之后，才可能出师开
店。一般来说，出师的年轻工匠在出师之前，还得花几年时间受雇
于人，打打零工，一方面磨练技艺，一方面筹集资金，这些人被称
为熟练工（Journeyman）。为了限制竞争，保证质量，行会章程往往
提出很高的入会条件以及对价格、薪资、品质与操作规范等方面的
严格要求。[2]细观之，行会法令规定诸如此类的事项：学徒身份和
成员身份的条件、工作日与假日的日程表、行会内部救济、奖惩机
制等条款。如《巴黎羊毛织工行会章程》规定，"行会里的任何
人，不得在日出之前开始工作……在一次晚祷钟声发出的时候，就
应停止工作"，对于违反工作时限者要处以罚款。如果会员中有人
遭受司法控诉，而且一定时间后仍没有恢复名誉，就不得继续留在
行会。

（二）物法

物法以扫清商业发展的障碍为初衷，零散地涉及不动产法、公
路交通与河流法、遗产法、市场法、贷款法等某些层面，其中以城

---

〔1〕 See D. M. Palliser, *The Cambridge Urban History of Britain*, Volume I (600 - 1540), Cambridge University Press, p. 429.
〔2〕 参见 ［美］朱迪斯·M·本内特、C·沃伦·霍利斯特：《欧洲中世纪史》，杨宁、李韵译，上海社会科学院出版社 2007 年版，第 187-188 页。

市土地所有权和继承制度最为典型。

与其他地区封建物权制度有所不同,城市免除了封建特权和劳役,使城市市民享有较为完整的不动产所有权。就土地而言,只要市民愿意缴纳一定的地租,就可以成为土地的名义所有人,能够在摆脱封建采邑人身依附关系的基础上领有土地,享有充分的使用权和处分权。市民不仅可以将土地买卖、抵押、转让、转租,也可在其上建造房屋,并将其划入遗产继承范围。1120 年,德意志康拉德公爵在授予弗赖堡(Freiburg im Breisgau)居民的特许状中规定:每一个市民必须有一块宽 50 英尺长 100 英尺的土地,他只需为此每年付 1 先令租金,居民通过附带自由出卖和遗赠特权的继承权利来拥有土地。[1]久而久之,房屋的主人获得了所占用土地的所有权。为了将这种所有权形态确认下来,德国及波西米亚各城市保存着一种称为"判决录"的法律文献,将有关私人之间的财产转让、抵押与设定地租等法律案件载入其中。少数城市中设有独立的记录册,或称"土地登记簿",专载一些有关不动产的法律行为,可谓较早适用的不动产登记制度。

城市继承制度强调保持家业的完整性和延续性,男性子嗣、配偶成为继承的主体。由于动产在社会财富中逐渐占据重要地位,具有封建传统的长子继承土地原则失去了其本来的意义。尽管男主人去世后,其成年男性子嗣可以承担独立经营家业的权利义务,但在许多情况下,与死者共同经营家业的妻子得以继续丈夫的生意,并取得实质意义上的经营权和财产继承权。"兄弟合伙继承"制度也多次出现在城市法规中。该制度是一种继承人共同体制度,即如果父亲在世时形成了家族合伙的经营模式,那么父亲去世后,兄弟们只要不分家,就应当继续兄弟合伙关系,并作为一个共同体整体继

---

〔1〕 See C. Stephenson, "Borough and Town: A Study of Urban Origins in England", *The Mediaeval Academy of America*, 1933, p. 34.

承家业并承担债务。[1]遗嘱继承也有广泛的适用范围，规定若死者立遗嘱让某一子女继承某物，则受到法律的保护。

（三）商法

商业贸易是城市的立命之本，城市有关商贸制度的内容涉及商会注册登记、商业活动规范、商业合伙和海商制度等多个方面。

首先，商会注册登记制度。商号应在公共注册本上登记录入，方才可以购得开业执照。登记制度向公众宣布经营组织的所有者，它使城市行会组织享有商号权和徽章使用权，也将城市贸易经营的范围记录下来，其内容大致是贩运和销售等商业活动。如果是由几个经营者共同经营，则为商业合伙形式。根据从事业务的领域是海商还是陆商，则又进一步细化为"海上合伙"和"陆上合伙"两种形式，这便从法律的角度对其利润分配和承担贸易风险加以规制。

其次，商业活动规范。城市法令和大部分商业行会章程都严禁会员在商业活动中的欺诈行为。此外，商业活动规范还包括统一商业交易的度量衡、工作质量标准、最低限度的价格、商店之间的距离、行会内部限制竞争和平等交易的售卖条件、禁止赊买（行会内部除外）、限制进口以及其他若干保护主义的措施。

再次，商业合伙制度。城市法还对商业合伙的关系加以调整。比萨的专门立法、佛罗伦萨的毛织品公会条例，无不确认了合伙与个人债权人的关系、合伙人与合伙资产的关系、合伙人与合伙债权人的关系。[2]合伙人可以出租劳动、出租资本以换取分享利润，父子之间和兄弟之间也可以缔结合伙。

最后，海商制度。城市以残存的罗马法律习惯为基础，编撰航

---

〔1〕 参见［德］马克斯·韦伯：《中世纪商业合伙史》，陶永新译，东方出版中心2010年版，第54页。

〔2〕 参见［德］马克斯·韦伯：《中世纪商业合伙史》，陶永新译，东方出版中心2010年版，第100页。

海法规，对船舶规格、船上管理、船货装载、进口章程、共同海损、船难保护等做了明确规定。根据海洋贸易的具体情形，1255 年威尼斯《海运法令集》规定：商船上必须有一名对政府商务委员会负责的公职人员，为保证船员的健康，政府要求船长必须聘请一名内科医生、一名外科医生。[1] 为了保证商人在海外购买商品时以最低价成交，城市规定某些商品必须共同购买以压低价格。[2] 城市政府所制定和实施的一系列海商专门立法，对海外贸易的发展起到了积极的促进作用，其中多数法规在城市灭亡后仍然被欧洲各国奉为海商法的范本。

城市法的商业理性、实用性与过渡性特征

中世纪城市法的兴起得益于西欧城市的发展。在多种因素的作用之下，城市法盛行数百年之久，并呈现出不同于罗马法、教会法和封建法律体系的基本特点。

一、商业理性带动法律理性

商品经济基础上的城市经济是城市法律体系产生的根本诱因。于是，商品经济中所包含的合理化的经营法则为城市法律体系注入了理性主义的新鲜血液，形成了与同时期教会法、封建法的最大差异。

城市法的理性主义内蕴与其高度发达的商业经济有着天然的契合性。尽管中世纪城市的商品经济仍是封建经济汪洋中的"孤岛"，但城市自身的地位已经构成瓦解封建社会经济实体的先行动力。借用马克斯·韦伯有关法律理性主义的概念[3]，城市法不仅在形式理

---

[1] 参见朱映红："试论中世纪威尼斯经济繁荣的政府因素"，载《康定民族师范高等专科学校学报》2002 年第 3 期。

[2] 参见［美］黄仁宇：《资本主义与二十一世纪》，三联书店 1997 年版，第 81 页。

[3] 参见［德］马克斯·韦伯：《韦伯作品集 IX：法律社会学》，康乐、简惠美译，广西师范大学出版社 2005 年版，第 30 页。

性主义的法典编纂、程序正义方面初具规模，还在实质理性主义层面确立了私权自主，复兴了古典商品流通的法律保护规则，最大限度地张扬了人身自由和社会进步。质言之，城市法的诞生与发展得益于商品经济，又在欧洲封建制法和教会法的土壤中较早地催熟了商业资本主义的萌芽，它预示着近代国家理性化法制观念的形成。

二、强实用性与弱体系性

城市法是市民阶层立足现实需求而不懈探索的杰作，是继承前人经验与自身经验积累的结晶。对于城市而言，既然选择了城市地区作为自己的生存家园，那就必然力图摆脱旧有封建经济的束缚，选择商业作为立国之本；既然走上了以商立国道路，法律关系的确立就成为最佳的社会治理手段，因为这种制度能够最大限度地满足商业社会的政治需求。

城市法律体系本身是城市生活不断进步的写照，也是不断整编、扩充的产物，缺乏法典体系化的自觉。以具体制度而论，城市法各项规定无一不是来自现实需要和经验智慧的总结。为此，城市立法不惜牺牲体系完整性，使各项法律规定盘根错节，没有具体细致的部门法划分。以特许状为例，足见其包罗万象的经验主义、实用主义逻辑——不仅有城市治理的公法措施，还有市民免税权、财产权的私法规定。即便设有专门的城市法编纂委员会，城市立法编纂活动也从来不拘一格地回应实务所需——有时是在制定法律的几日内进行，有时会在每年一度的修订期间做出。这样的变动经常使得法律缺乏定性，让人难以把握，法律的观点甚至出现前后矛盾，成为后来城市法逐渐丧失独立性的一个很大因素。不过，通观城市法的建立和发展过程，这种强实用性、弱体系性的立法路线为城市社会生活解决了一系列迫在眉睫的现实问题，为城市社会数百年的政治稳定和经济繁荣做出了不可小觑的贡献。

三、融合与过渡

城市法是欧洲中世纪特殊时期的产物，而中世纪又是欧洲历史上的文化融合与过渡时期，使得城市法本身也具备了融合与过渡的历史特质。外观上看，城市法仅指城市自己的法律，并在封建领主与教会的层层包围中独树一帜。但是，从城市特权的获取到实施，城市法与封建社会环境有着千丝万缕的联系。日耳曼法、罗马法和教会法三大体系不仅构成城市法根源性质的地方不成文习惯，还在法律思想和文本中有所体现，无法被彻底排除在城市法律体系之外。如果说公权力设置、市民自由、商事规则以及法典编纂的基本技能来自罗马法，那么地方治理的法律思想则无疑受到日耳曼法的影响。即便受到排斥的教会法也在城市法所不及的私领域查缺补漏，调整微观层面的社会生活。也正因如此，到了 17 世纪，城市法体系历经地域性的社会锤炼与地方化过程，才能顺利融入主权国家的法体系，为近代法体系的最终诞生贡献力量。

城市法在融合中世纪法律资源的同时，有着"承前启后"的历史地位。城市法破除了法律只能来源于教会的圣谕、领主的习惯、国王的命令这种三位一体的封建法律观，肯定了市民民事权利主体资格，赋予市民享有民事、诉讼方面的平等权利，使得一个享有自由、平等权的市民阶级能够在城市中积极参与政治生活。这种政治法律意识足以促成人们的法制观念，为近代国家体制的诞生储备了丰厚的实践资源。正如有学者所言："城市居民历史的一个新阶段，始于 1200 年左右。在其后的 200 年内，种种力量脱颖而出，它们至终将会促成 18、19 世纪的几次市民大革命。"[1]可见，城市法是中世纪欧洲法制汪洋中的涓涓支流，注定在未来民族国家法诞生的过

---

〔1〕 孙国华主编：《中华法学大辞典：法理学卷》，中国检察出版社 1997 年版，第 113 页。

程中起到推波助澜的作用。

总之，中世纪的城市法律体系内容详实、理性实用，在欧洲法律史发展链条中具有"过渡性"的历史地位。然而，受到管辖地域和人口的限制，城市政体难以成为中世纪法律生活中的核心和支柱。面对中世纪后期和近代初期民族国家的纷纷兴起，欧洲城市难逃外敌侵占的厄运，城市法律体系必定面临草率收场的尴尬，不能不说是历史的遗憾。但是，中世纪的城市法体系毕竟维持了城市社会内部的和谐与公平，它最终与西欧既存的其他法律因素融为一体，共同构成中世纪法治迈向近代法治的"探路力量"。

（原文发表于高鸿钧、李红海主编，《新编外国法制史》
清华大学出版社 2015 年版，略有修改）

理性化及启示：中世纪威尼斯刑法初探

　　刑法伴随着有序社会的出现而产生。它不仅是对初民社会野蛮同态复仇习惯的超越，也是理性战胜非理性的一个成果。早期的刑法保留了许多的不理性成分，如罪刑的不确定性与不统一性，刑罚上的报复性与非人道性，审判主体的大众集会式、非专职化，审判程序的不科学性与不公正性等。当这些不理性成分随着历史的发展逐步被摒弃，刑法的理性程度得以一步步提高。可以说，一部刑法史就是一部理性不断提升的历史。

　　不过，刑法理性化的提升幅度在不同的历史时期是不同的。一般认为，整个西方文明的古典时期乃至中世纪时期，理性化的刑法发展缓慢，尤其漫长的中世纪时期是法治文明的"黑暗时期"，刑法制度几乎臣服于封建特权和教会神学的负面影响，不理性的成分十分突出；16世纪到18世纪的文艺复兴和启蒙运动在人类史上最大幅度地提升了刑法的理性化含量，贝卡里亚的著作《论犯罪与刑罚》堪称其理论表现。[1]实际上，中世纪的城邦国家威尼斯在文艺复兴之前就启动了刑法理性化的进程，已经在刑事立法、司法程序以及刑罚实践等多个方面做出了刑法理性化道路的

---

　　〔1〕　参见何勤华：《关于西方刑法史研究的几个问题》，载《河北法学》2006年第10期。

探索。[1]

一、刑事立法体系化

威尼斯位于意大利东北部的泻湖地区，原来隶属于东罗马帝国，9世纪获得自治，11世纪发展为一个稳定繁荣的商业城市共和国，并缔造了盛极一时的"威尼斯神话"，直至1797年被拿破仑灭亡。13世纪，威尼斯为适应商人市民阶级保障人身安全、确定私有财产关系的价值诉求，确立起体系化的刑事法律制度。

早在12世纪初期，威尼斯已开始建立稳定、多样的刑事法律渊源，刑事裁判逐渐"有法可依"。威尼斯的刑事法律渊源主要有刑事法典法、刑事习惯法、刑事判例法和相关教会法四种。其中，刑法典是最主要的法律渊源，具有至高的法律效力。威尼斯刑法典主要是指1181年《刑典》（Promissione maleficiorum）及其1232年的《刑典修正案》（Promissione del maleficio of Dandolo-Tiepolo，又称丹多罗修正案 Dandolo-Tiepolo correction）[2]，也包括执政团、四十人委员会、大议会、元老院、十人安全委员会等行政机构的成文决议。《刑典》在序言中道出了颇有"罪刑法定"意味的立法宗旨，"既然我们期盼将犯罪行为绳之以法，而司法裁判又令人辗转反侧，那么编撰一部考究的刑法典则应为所有人称道。"[3]就内容而言，《刑

---

〔1〕 除此之外，中世纪英格兰也在刑法领域出现了理性化的要素。如1215年英王约翰签署的《大宪章》第39条规定："凡是自由民除经贵族依法判决或遵照国内法律之规定外，不得加以扣留、监禁、没收其财产、剥夺其法律保护权，或加以放逐、伤害、搜索或逮捕"，这也是近代"罪刑法定"原则在立法上的最早体现。

〔2〕 See Laura Ikins Stern, "Politics and Law in Renaissance Florence and Venice", *The American Journal of Legal History*, Vol. 46, No. 2., 2004, p. 221.

〔3〕 Promissione Maleficorum, 拉丁文原文为："Cum ex rigore iustitie excessus emendare et punire malefitia merito invicte nobis sollicitudinis teneamur. Ad hoc efficiendum tanto studiosius intendere volumus quanto de vitiorum correctione tota patria laudabiliter praedicitur." 转引自 Guido Ruggiero, "Law and Punishment in Early Renaissance Venice", *The Journal of Criminal Law and Criminology*, Vol. 69, No. 2., 1978, p. 244.

典》旨在以刑罚措施强化私有财产的保护，尤其侧重于盗窃罪的相关规制。史料表明，该法典收到了良好的社会效果，1270年到1403年，威尼斯盗窃罪的定罪率高达99%。[1]

威尼斯的刑法渊源还包括刑事习惯法、刑事判例法以及相关教会法。根据1232年丹多罗修正案的规定，习惯法是指威尼斯本土适用超过30年的风俗与习惯，其中的少数源于古典时代的希腊和罗马。判例法是在法典和习惯都不明确的情况下，将重大刑事案件的审判结果直接适用于指导审判实践。习惯和判例具有确定性，是法典以外适用范围较广的法渊源。教会法来自罗马天主教会的教规、教令和教习中的刑法规制部分，适用范围在众多法律渊源中最为狭窄。

法律渊源的确定形态为有节制地刑罚设计奠定了基础。诚如贝卡里亚所言，"即使刑罚是有节制的，它的确定性也比联系着一线不受处罚希望的可怕刑罚所造成的恐惧更令人印象深刻"[2]。于是，一套系统、规范的罪刑体系顺势产生。

（一）侵犯财产罪，主要包括抢劫罪和盗窃罪

抢劫罪是威尼斯重点打击的犯罪之一，《刑典》将其置于开篇，并可以适用肉刑和死刑。根据当事人财产损失的大小，法典规定了详尽的处罚等级标准：劫获1里拉以下的财物受鞭笞；劫获5里拉以上、10里拉以下的财物判处挖去右眼的刑罚；任何人劫获40里拉以上处绞刑；累犯一律处绞刑。[3]有关入室盗窃、携带凶器等情

---

〔1〕 根据威尼斯当时的法律规定，重婚罪罚款100里拉以上，这等于平均的嫁妆财务与受害者赔偿的总额。See Guido Ruggiero, "Law and Punishment in Early Renaissance Venice", *The Journal of Criminal Law and Criminology*, Vol. 69, No. 2., 1978, p. 250.

〔2〕 ［意］贝卡里亚：《论犯罪与刑罚》，黄风译，中国大百科全书出版社2005年版，第21页。

〔3〕 据初步考证，中世纪威尼斯主要货币的兑换关系为：3.5克黄金＝1杜卡特（ducat）＝6里拉（lira/libra）＝240德纳（denari）≈1英镑，成年劳动力的年均收入大约为2-3英镑。

节也都有具体的规定，如手持凶器入室盗窃者处砍手刑或挖眼刑，有组织的抢劫财物处绞刑。[1]

《刑典》及其修正案对盗窃罪的处罚较重，盗窃数额虽小却可获判肉刑。盗窃数额在 20 里拉以下属轻微犯罪，处以鞭笞刑和刺字刑。累犯判处挖眼刑，盗窃数额在 20 里拉和 100 里拉之间也被判处挖眼刑。盗窃数额超过 100 里拉，则可能获判死刑。[2]

（二）侵害人身罪，包括一般人身侵害罪、强奸罪和谋杀罪

一是一般人身侵害罪。《刑典》有关侵犯人身的犯罪规定较为笼统。根据实践中的案例，一般侵害罪可以根据侵害程度的不同处以罚金、监禁、剥夺公民权直至肉刑。

二是强奸罪。《刑典》对强奸罪有专门的规定。根据被害人是否处女、是否已婚，强奸罪的量刑有着极大不同。犯罪人一般获判监禁，并处支付受害人相当于嫁妆数额的赔款。如有特别恶劣的情节，则加重为肉刑直至死刑。[3]

三是谋杀罪。威尼斯人认为，谋杀不仅是对生命和财产的最大侵犯，更威胁到共和国社会秩序的稳定。《刑典》对谋杀罪判处绞刑，情节极端严重者还要先执行肉刑。谋杀罪的行刑过程一般向社会公开。

（三）政治犯罪

政治犯罪主要有叛国罪、扰乱城市安宁罪和阴谋树立党派罪，犯罪的主体通常为政界显要，一般适用放逐刑和死刑。[4]

---

[1] See Guido Ruggiero, "Law and Punishment in Early Renaissance Venice", *The Journal of Criminal Law and Criminology*, Vol. 69, No. 2., 1978, p. 245.

[2] See Laura Ikins Stern, "Politics and Law in Renaissance Florence and Venice", *The American Journal of Legal History*, Vol. 46, No. 2., 2004, p. 232.

[3] See Guido Ruggiero, "Law and Punishment in Early Renaissance Venice", *The Journal of Criminal Law and Criminology*, Vol. 69, No. 2., 1978, p. 246.

[4] 1355 年，威尼斯马瑞诺·法列尔（Marino Falier）总督被大议事会指控煽动阴谋试图推翻贵族共和制建立君主专制制度，经十人团审判后被私密处决。

法律渊源和罪刑体系的确立,为刑事立法与犯罪责任建立了彼此沟通对应的关系。这令威尼斯刑法具有了客观归罪和罪刑法定的基本特征,也迈出了刑法理性化的第一步。

二、刑罚宽缓化

量刑宽缓化是刑事立法确定化在具体实施层面上的体现。根据《刑典》的规定,中世纪威尼斯的主要刑罚有以下六种:

1. 罚金刑。在威尼斯,罚金是对犯罪人科处一定数额金钱的处罚,包括全部或部分的罚没财产。罚金可以单独适用,也可作为某一较重刑罚的附加刑。通常情况下,若犯罪人支付能力较弱,则由监禁刑替代罚金刑。

2. 监禁刑。监禁是剥夺犯罪人一定时期内自由的刑罚。由于劳动力资源稀缺且监室有限,威尼斯的监禁刑一般时间较短,常用的有数天、数月、半年、一年、一年半、两年及两年以上等形式,两年以上的监禁刑极少适用。

3. 放逐刑。放逐就是将犯罪人逐出威尼斯国境。根据罪行的差异,放逐有距离和期限的不同。一般分为逐出威尼斯城、放逐威尼斯边境孤岛以及放逐威尼斯陆上殖民地三个等级。放逐的期限以五年为起点,有十年、十五年直至终生放逐。放逐刑有时并处罚金,可同时没收部分财产直至全部财产,故而经常充当政治斗争中排斥异己的武器。但是,由于威尼斯政坛更迭周期较短,放逐之人有可能在一段时间之后得到宽恕,再次投身政治活动。[1]

4. 剥夺公民权。剥夺公民权是源自古代雅典的刑罚习惯,量刑

---

〔1〕 See Robert Finly, *Politics in Resisense Venice*, Ernest Benn, 1980, p. 60, p. 75. 贵族 Mocenigo 因拒绝担任由其政敌委任的海事将军一职,获罪 1000 杜卡特的罚金之后遭放逐;据记载,Giovanni Emo 和 Bartolomao Moro 在两天之内都被大议事会委以重任,二者先前皆因政治纠纷获罪流放,后得到元老院的宽赦。时人说,对威尼斯政客而言,五年流放生涯结束之后一律平等。

幅度分上、中、下三等。上等刑剥夺全部公民权，可并处没收财产，受刑者位同奴隶；中等刑剥夺主要公民权利，如参加公共集会、竞选公职等；下等刑只剥夺与犯罪性质有关的公权，比如选举犯罪就剥夺选举权。[1]

5. 肉刑。肉刑是直接针对犯罪人肢体的惩罚，主要有鞭笞刑、刺字刑、挖眼刑和砍手刑几种。肉刑针对性质恶劣的人身侵害罪、谋杀罪等，适用范围有限。

6. 死刑。死刑是剥夺犯罪人生命的极刑。执行方式以绞刑为主，又有公开处绞和秘密处绞两种。极端严重的犯罪一般公开处绞，秘密处绞有时出于政治机密的保护，有时出于对罪犯人格尊严的体恤。同时，前述刑罚均可以作为死刑的并罚刑。

一如有学者所言，死刑和肉刑倾向于社会控制的象征意义，监禁刑和罚金刑则体现量刑的理性和计划性。[2]尽管威尼斯刑法明确规定了肉刑和死刑的适用范围，但就一般犯罪而言，监禁和罚金更加受到威尼斯刑罚实践的偏爱，死刑和肉刑实际受到相当严格的限制。[3]统计表明，从1324年到1406年，威尼斯共有18 000例案件判处监禁刑。以其中569起侵害罪为例，也只有51例适用放逐刑，31例适用肉刑，无一例适用死刑，监禁刑和罚金刑的适用则占据绝

---

〔1〕 See Elisabeth Crouzet-Pavan, translated by Lydia G. Cochrane Cochra, *Venice Triumphant : the Horizons of A Myth*, Johns Hopkins University Press, 2002. 威尼斯是政治民主程度极高的城市国家。该国主要政治官员皆由选举产生，有关选民资格、选举程序等方面皆有丰富的政治实践。

〔2〕 See Guido Ruggiero, "Law and Punishment in Early Renaissance Venice", *The Journal of Criminal Law and Criminology*, Vol. 69, No. 2. , 1978, p. 256.

〔3〕 以罚金刑的广泛适用推动刑罚宽缓是刑法近代化的体现，这一努力早在14世纪的威尼斯就已出现。近代以来，西方各国将自由监禁刑改为罚金刑，试图减轻对一般犯罪的处罚力度。当今，许多国家更是扩大罚金刑的比重，减轻刑罚。如瑞典科处罚金的案件经常占刑事案件整体的90%以上，日本的罚金刑在20世纪70年代末一度占据刑罚总数的95.7%。德国、奥地利、荷兰、英国等罚金的比例也是非常高的。

大多数的情形。单从量刑幅度上看，监禁刑和罚金刑也是一律从轻。实践中，为了使不能及时付足罚金的犯罪人能够折抵一定时期的监禁，威尼斯法官按照"监禁 1 年 = 罚金 200 里拉"的公式进行代换。[1]根据这种代换，监禁刑和罚金刑能够进行一定程度的"量化"。将一定时期内的罚金刑和监禁刑统一加以折算后发现，代表重刑罚的大数额比例偏少，代表轻刑罚的小数额比例却偏大。

当然，整体上的量刑宽缓不等于一味纵容犯罪。中世纪后期，贵族和平民仍是威尼斯社会的两大主要社会阶层。威尼斯人深知，罚金刑和监禁刑的广泛适用，可能导致少数贵族和富人凭借支付罚金而免受牢狱之苦，广大平民却因资金不足屡遭监禁。这不仅会纵容贵族的犯罪行为，还直接削弱法律的权威性和公信力。对此，威尼斯平衡监禁与罚金在不同社会阶层中的适用力度，大量适用罚金和监禁的并罚刑。数据显示，并罚刑在全部刑罚适用中所占比重约为 1/3。比如，犯有侵害罪的 121 位贵族中，83 例判处罚金刑（69%），20 例判处监禁刑（17%），18 例判处并罚刑（15%）；同种罪名之下的 195 位平民中，55 例判处罚金刑（25%），69 例判处监禁刑（35%），70 例判处并罚刑（36%）。在强奸案件中，84 名贵族罪犯有 37 例判处罚金（44%），14 例判处监禁（17%），33 例并处监禁与罚金（39%）；173 位平民罪犯仅 24 例判处罚金（14%），89 例判处监禁（51%），60 例并处罚金与监禁刑（35%）。[2]尽管从数据来看，贵族和平民的刑罚适用仍存在一定的差异，但对贵族而言，刑罚是无法完全用金钱赎买抵消的，监禁与罚金的并处实际意味着罚金刑的加重。狱中生活的艰苦，令贵族不愿以牺牲自由和名誉为

---

〔1〕 See Guido Ruggiero, "Law and Punishment in Early Renaissance Venice", *The Journal of Criminal Law and Criminology*, Vol. 69, No. 2., 1978, p. 254.

〔2〕 See Guido Ruggiero, "Law and Punishment in Early Renaissance Venice", *The Journal of Criminal Law and Criminology*, Vol. 69, No. 2., 1978, p. 250.

代价触犯法律。有鉴于此，威尼斯刑罚的宽缓趋势在更广的层面上捍卫了社会正义。

三、司法主体专职化

威尼斯以司法主体的"专职化"保障刑事立法及量刑原则的实施。威尼斯司法机构自成体系，不同部门之间既有分工的差异，又有位阶的高低。审理刑事案件和上诉案件的机构是四十人委员会（Council of Forty），同时也是威尼斯的最高司法机构。

为辅助刑事司法程序的进行，威尼斯设有专门的检控起诉部门阿沃加德利（Avogadori）。其成员由社会威望较高的非贵族城市公民担任，任期2年。在司法议会作出裁决之前，先由阿沃加德利提出量刑建议。附属该委员会的法律书记员群体来自广大平民，但他们接受专业法律训练，以法律咨询和建议影响司法裁判，是检察官们的"智囊团"。

为确保专职化的司法机构运行自如，威尼斯赋予司法权以较强的独立行使空间。威尼斯自主的国际地位，一方面使其自身成为较早实现教会国家化的城市国家，基督教廷的司法裁量不能干涉威尼斯，教会法庭的宗教裁判所、异端惩戒等刑罚手段也不能渗入威尼斯。另一方面，常见于中世纪封建世俗政权的神明裁判、决斗等司法手段，也被屏蔽在威尼斯之外。与此同时，作为威尼斯的主要司法审判机构，四十人委员会专职司法，不受国内其他机构的制约。它常设于元老院议事厅，每个工作日上午和周六下午受理案件。除个别情况下总督凭职权可就某个案件另外指定审判机构外，四十人委员会的审判权基本独立行使，不受外界干预，也有权自主选聘公证员和法律实务工作者。尽管该委员会的成员属于贵族阶层，但在经济上大多接近于平民，这种"不上不下"的社会地位无疑巩固了法官们的中立情感。

四、刑法理性化成因分析

威尼斯刑法的理性化在时间上早于古典刑法理论的理性化叙述，却在内容上体现出理性主义刑法的基本精神。理性化刑法要素能够在中世纪的威尼斯岛国萌发生机，并不是历史的偶然。

首先，自由理念的内部诱因。威尼斯国家是生于自由的，而"保证公民的自由，就必须有良好的刑法"[1]。5世纪早期，罗马遭到野蛮人洗劫，少数落难贵族利用野蛮人海洋知识的匮乏，移居亚得里亚海滨的潟湖地区。随着谋生的需要，潟湖逐渐由一个松散的岛屿群发展为紧密团结的威尼斯城市国家。后来，越来越多的商人、逃亡农奴、小贵族、工匠、手艺人涌入潟湖，他们"可以自由支配自己的财产，如同自由支配他们的人身一样；他们可以取得、占有、让渡、交换、出卖、馈赠和遗转动产和不动产，而不受领主管制"。[2]潟湖居民犹如几百年后"五月花"号的北美拓荒者，有较强的主人翁意识，坚信自由是不可剥夺、必须捍卫的基本权利。确定法制、保障权利被顺势提上了日程，成为刑法理性化的开端。

其次，独立城邦的外部保障。威尼斯商人讲着意大利语，看起来像意大利人；因政治原因同拜占庭帝国联系在一起，可以算作拜占庭人；由于商业往来，又与阿拉伯人联系密切。[3]这种身份模糊性使其得以摆脱任何实际政体和意识形态的控制。10世纪以后，威尼斯借助欧洲商品贸易兴起的极好时机，在矛盾重重的封建国家之间周转斡旋。它利用封建势力的贪婪，以奢侈品和财政服务换取特许状和自由通商权，成为西罗马教皇国的"主教自由城"和东罗马

---

[1]　[法]孟德斯鸠：《论法的精神》（上册），张雁深译，商务印书馆1961年版，第188页。

[2]　参见[法]P.布瓦松纳：《中世纪欧洲生活和劳动（五至十五世纪）》，潘源来译，商务印书馆1985年版，第116页。

[3]　参见[美]威尔·杜兰：《文艺复兴》，东方出版社2003年版，第358页。

拜占庭的"帝国自由城"，争取了独立的国际地位。这种独立性为威尼斯刑法提供了抵制教会法和封建法的屏障，顺利走上了自我发展的理性化道路。

再次，政治宽容的国内土壤。威尼斯的城市共和制度传承了希腊罗马的宪制基因，政府机构之间相互制衡，各司其职。除大议会和总督之外，其他各级行政机构的职位任期都非常短暂，成为避免刑罚恣意擅断、保障司法职权的先决条件。非贵族的市民阶级积极参政，对政治运行和司法裁量起到积极的监督作用。这不仅维持了威尼斯社会内部的和谐与公平，也不易出现个人独裁或党派之争。理性化的刑法制度在威尼斯有宽松的运行环境。

复次，商业经济的决定作用。正如马克斯·韦伯所言，"对法律理性化的要求，几乎皆是由于商业之重要性增加与参与商业活动的人的缘故。"[1]威尼斯高度发达的商业经济与刑法的理性化有着天然的契合性。与同时代其他国家相比，威尼斯国家的财富和社会地位周转速度较快。它宛如一座"股份有限公司"，"股份"持有的多寡变动不居，富人可能因为海难顷刻间身无分文，穷人也有机会一夜暴富之后以金钱赎买较高的社会地位。因此，威尼斯不存在犹如欧洲内陆国家一般稳定和强大的封建集权政府，大规模的肉体消灭和肉体摧残缺乏可仰仗的专权后盾。还应当看到，威尼斯国土面积狭小，无论是死刑、肉刑还是放逐刑，都将导致本已匮乏的劳动力资源进一步萎缩。于是，轻缓刑就被精打细算的威尼斯商人确立为刑罚的主流，进而使刑法本身不自觉地增添了人道主义的色彩。

最后，人文理性的矫正力量。城市特殊的生活方式和文化氛围较早地孕育了人身自由、财产神圣、政治参与等资产阶级的理性观念，形成了关注世俗生活、强调个人独立、追求人性解放的人文主

---

[1] [德] 马克斯·韦伯：《经济与社会》，阎克文译，上海人民出版社 2010 年版，第 913 页。

义精神。这种人文情怀的出现，帮助威尼斯人将遵守契约、履行义务的规则意识转嫁为重视规则、崇尚法律、强调权利的法治意识。无论是统治者还是被统治者，都以服从法律为美德。文化意识形态中较高的理性含量，能够矫正威尼斯刑法拟定和实施过程中的不理性。

五、结论与启示

中世纪威尼斯刑法把刑罚与犯罪的基本命题从中世纪封建与宗教的枷锁中解放出来。它以内容确定的刑事立法、职权独立行使的刑事司法及宽缓的刑罚适用，实现了立法上的形式理性和司法上的程序理性，并最终做出了刑罚人道主义的努力。应当看到，威尼斯刑法的理性化与后世思想家理性主义的刑法阐述仍然存在较大的差距。1181年《刑典》本身仍然缺乏体系化和完整性，刑法制度与裁判实践之间有一定程度的脱节，残虐的肉刑还在一定范围内存在并适用。同时，过分强调私有财产的保护，令财产侵害罪重于人身侵害罪等，也成为威尼斯刑法理性化的"污点"。可以说，威尼斯刑法所体现的罪刑法定、罪刑相适应及刑罚人道主义等进步理念仍然处于较为暧昧和朦胧的状态之下。但不能否认的是，中世纪威尼斯刑法的理性化要素早了古典刑事学派200余年。它与后者的代表人物切萨雷·贝卡利亚同属意大利半岛，足以在近代刑法学的发展历程中具有"先知式"的进步意义，也预示着刑法理性主义的时代即将到来。

（原文发表于《河北法学》2013年第8期，略有修改）

第三编

社会生活中的法：行会

在身份与契约之间的欧洲中世纪行会

英国著名法学家梅因曾有一句经典的论断："所有进步社会的运动，到此处为止，是一个'从身份到契约'的运动。"[1]此言不仅高度概括了人类社会发展的内涵与趋势，而且深刻地揭示了传统社会与现代社会、传统法律与现代法律的本质区别：前者属于身份型，其基本特征：以"血缘-义务"为逻辑前提，公开承认和维护社会身份的差异以及特权的存在；后者属于契约型，其基本特征：以"契约-权利"为逻辑基础，公开宣告并努力实现法律面前人人平等和法未禁止即自由的法治原则。从某种意义上说，一部人类法律文明史，就是一部逐步去除法律中的身份属性、同时增量契约属性的此消彼长的历史。就欧洲而言，由身份型传统法律文明向契约型现代法律文明的转变过程，在中世纪行会身上得到具体而生动的展示，而且，这一历史性转变的实现在很大程度上还得益于后者的引领和带动作用。

一、家族血缘与政治依附：古代行会的身份特征

行会，是手工业者或商业经营者为了促进共同利益，按照不同领域组成的自主自治的社会经济组织，古已有之。在欧洲，早在古典时代，就已出现了早期的行会。因受时代条件限制，那时的行会

此篇系国家社科基金后期资助项目"在身份与契约之间：法律文明进程中的欧洲中世纪行会"（18FFX001）中期成果。

〔1〕 ［英］梅因：《古代法》，沈景一译，商务印书馆1959年版，第97页。

普遍依托于家族，血缘关系是其天然的联系纽带，一个家族的成员往往全部从事某一种职业，且世代相传，家族身份和职业分工重合在一起。[1]古希腊以家族为单位的祭祀、土地、住宅和私产，古罗马父系家族之中父权、夫权的严格秩序，都是这种早期的职业组织形式。柏拉图曾记述过一个将死的雅典人要求获得立遗嘱的权利时，立法者明确告诉他："你不是你产业的主人，你甚至不是你自己的主人。你连同你的产业，都属于你的家庭，你的祖先，你的子孙全体。"[2]为了维护自身利益，家族成员对祖传的专业技能无不珍视有加，通常对外是保密的，具有封闭性，致使族外人士很难介入，因此，"家族本身扮演了职业群体的角色"。[3]可见，早期的家族职业具有鲜明的血缘身份特征，严格说来还不属于职业组织，只不过是当时简陋条件下人们赖以生存和生活的一种自然方式而已。

后来，随着社会的发展、人口的增多和社会交往的日益扩大，血缘家族关系不再是保障生计的唯一安全方式，家族成员有可能游离于家族之外，自谋生路。他们通过与自身利益相似或相同的族外陌生人建立联系甚至联合一起，也能够基本维持生计。于是，家族外的职业组织开始萌芽。在古代希腊的后期，这种职业组织已经出现。那时，随着城邦国家的建立与发展，古老的家族血缘关系日趋松弛，希腊各城邦在保持家族或部落等社会组织的同时，默许了家族外职业团体的存在。至梭伦时代，通过重分土地，进一步弱化了血缘身份，一些营造士和工匠们开始建立跨家族的职业组织。根据刘易斯·芒福德的社会史考证，此时古希腊的陌生人之间已经产生

---

〔1〕 笔者注：此处"古代"的定义和界分，依据法国学者库朗热在《古代城邦——古希腊罗马祭祀、权利和政制研究》中的研究，重点阐述近古时期的希腊和罗马。

〔2〕 ［法］库朗热：《古代城邦——古希腊罗马祭祀、权利和政制研究》，谭立铸等译，华东师范大学出版社 2006 年版，第 71 页。

〔3〕 ［法］埃米尔·涂尔干：《社会分工论》，渠东译，生活·读书·新知三联书店 2013 年版，第 29 页。

了"对话"，而"对话是脱离（家族）一致性的第一步"。[1]不过，由于当时城邦当局并不鼓励职业组织的建立，也未在城邦体系中给予职业组织以明确定位，所以许多家族外职业团体还没有完全突破血缘关系的羁绊，有些甚至呈现为"拟制的家族"；还有的团体仅仅是厌烦家族内乏味生活的成员外出寻找消遣的产物，缺乏职业组织的属性，例如，有的团体只具有"男性饮酒俱乐部"（male drinking club）[2]的功能。

在古代罗马强大的父权制和国家政治体制之下，职业组织的发展同样步履维艰。在罗马的官方文字表述中，职业组织被正式命名为"行业组织"（collegiatus），意为以共同经营利益为基础的稳定职业团体。但是，随着共和国的迅速扩张，罗马不但成为地中海区域的霸主，还在经济上强化了对国内的控制，故而此时的行会，既未挣脱传统家族的束缚，还须扮演国家行政体系和法律调控的"末梢"。进入帝制时代，虽然行会小有规模——不仅劳动者和商人组成了社团，"所有阶层都似乎在强烈要求增加职业集团的数目"[3]，但是大型家族势力和国家政治权力相互交织盘根错节，行会的生存空间严重恶化，行会的经营活动被置于国家各种"特许令"（licentia）的管控之下，新成立的行会组织必须首先承担为国创收的任务。尤其到帝国晚期，罗马的海外经济来源因蛮族侵扰而频频中断，罗马财政入不敷出。为解决财政困难，政府要么直接压榨行会的财产，要么迫使行会征敛小生产者的财富，致使稍具雏形的行会经营沦为"国家的爪牙"。行会中人开始争相逃离负担沉重的职

---

〔1〕 参见［美］刘易斯·芒福德：《城市发展史：起源、演变和前景》，宋俊岭、倪文彦译，中国建筑工业出版社 2005 年版，第 123 页。

〔2〕 See P. W. Duff, *Personality in Roman Private Law*, Cambridge University Press, 1938, p. 103.

〔3〕 ［法］埃米尔·涂尔干：《社会分工论》，渠东译，生活·读书·新知三联书店 2013 年版，第 20 页。

业团体，罗马皇帝只能使用强制招募和雇佣的方法方能维持行会的存在。[1]5世纪后期，西罗马帝国轰然倒塌，大批行会随之消亡。此后继续存在的东罗马帝国沿用传统政策，继续对行会严加控制，例如，6世纪优士丁尼《国法大全》761卷第 C.4.63 条款规定，为限制社会潜在之野心，凡兄弟会组织皆须获得国家批准。[2]

不难得知，在无以逃避的家族血缘关系网络和国家政治权力覆盖下的古代社会，崭露头角的古代行会不可能成为职业者自主自治的经济组织，处处都表现出浓厚的身份特征。

二、身份的扬弃：中世纪行会的契约性面向

中世纪时期，欧洲行会迎来了发展史上的"黄金时代"。自5世纪开始，"那双曾经控制整个大帝国的手已无力再抓牢帝国的任何一部分了。手指一松，掌中物纷纷失落。"[3]西罗马帝国灭亡后，欧洲一度战乱频仍，局势动荡，能够实现有效控制的国家发展缓慢。过去罗马文化所仰赖的城市富人大都沦为流亡者，他们或者依赖少量乡村地产过活，或者隶属于某个团体——某庄园、某修道院或某职业行会。[4]利用国家政治控制暂时缺位的机会，行会发展为纯粹意义上的"职业经营者"。到9世纪前后，英格兰和欧陆主要封建王国的雏形大致确定，局势趋于稳定，经济和城市开始复兴。德意志、意大利的工商业经营者通过先占、赎买等方式，占据封建采邑的边缘地带，通过行会这一组织形式进行经营活动，"代替了血亲

---

〔1〕 参见［法］菲利普·内莫：《罗马法与帝国的遗产——古罗马政治思想史讲稿》，张竝译，华东师范大学出版社2011年版，第75页。

〔2〕 See *Corpus Iuris Civilis*, Hugues de la Porte, 1558–1560, column 761, C.4.63, C.4.64.

〔3〕 ［美］刘易斯·芒福德：《城市发展史：起源、演变和前景》，宋俊岭、倪文彦译，中国建筑工业出版社2005年版，第270页。

〔4〕 参见［德］马克斯·韦伯：《中世纪商业合伙史》，陶永新译，东方出版中心2010年版，第36页。

乡土、家族和封建伦常的古老纽带。专门化的各种职业团体以一套全新的关系和责任，补充了原始的家族、邻里团体。"[1]至 1400年，欧洲大部分城市的商业活动与手工业生产都以行会的形式展开，行会的种类、数量与规模都迅速扩大，行会人之间的职业联系也超越了血缘与政治体制的拘束，满足了同行业陌生人之间维系生计与情感的共同需求。16 世纪意大利的政治思想家加斯帕罗·孔塔里尼曾盛赞中世纪的行会，他说："（中世纪）有多少种贸易或者职业，他们（手工业者）就分化成了多少个组织（companies）。每个组织都有特定的法律，指导工匠们的日常经营活动。他们自主选择的管理机构，不仅满足了成员们的利益诉求，还平息了成员之间的利益纠纷。"[2]

上述孔氏所言，一方面揭示了中世纪行会存在的普遍性，另一方面也指出了中世纪行会与古代行会的区别，但遗憾的是，后者并未切中肯綮。实际上，中世纪行会较古代行会的根本不同在于其身份性的淡化和契约性主导地位的确立。

毋庸置疑，有关契约的理论与实践在古代社会业已出现，但是，把契约作为同行业人士进行合作和维持生产与生计的常规法律手段，毫无疑问是中世纪行会的创举。中世纪的行会不仅是借助契约建立起来的，而且仰赖契约的约束力来维系日常运作。参加行会的每一位工商业者都是自愿的和平等的缔约人，他们在入会时必须郑重宣誓："我愿意成为本行会的成员，崇拜本行会的庇佑者，并遵从本行会的章程。"[3]这种依约结合的法律载体就是行会章程（Statuto/Mariegola/Matricola），其内容涉及行会的经营管理、成员的权利义

---

〔1〕 ［美］刘易斯·芒福德：《城市发展史：起源、演变和前景》，宋俊岭、倪文彦译，中国建筑工业出版社 2005 年版，260 页。

〔2〕 Gasparo Contarini, *De magistribus et republica Venetorum*, translated by Lewes Lewkenor Esquire as *The Commonwealth and Government of Venice*, John Windet, 1599, pp. 141-142.

〔3〕 "Ordinances of the Gild of St. Katherine, Stamford", *English Guilds*, in Toulmin Smith, N. TrÜbner and Co eds. , 1870, p. 189.

务、职业规范和对外往来等多个方面。[1]尽管从形式上看，行会章程大多不具备近代法典的卷、编、章、节、条、款、项等编纂体例，甚至仅仅是常见条款与增补条款的集中汇编，但也包含正式的组织宪章（Constituto）、法令（Capitoli）、禁令（Prohibitio）、裁定（Commandamento）、命令（Ordini）、声明（Proclama）、判决（Sentenza）、申诉（Appellans）、决定（Decreito）、罚则（Pena）甚至补令（Supplica）等。章程的重点部分通常配有醒目的花边图案，如耶稣头像、城市标记、行会徽章等。章程规定的权利义务，普遍而平等地适用于包括行会管理者在内的全体行会成员，这与封建誓词之下领主与封臣权利义务关系的不平等关系是截然不同的。不少行会的誓词还冠以"神的见证"（in nomine Dei eterni；in the name of the everlasting God）[2]等字样，旨在提升行会章程的权威性。

图7　威尼斯手工业行会章程外观

---

〔1〕　See Hugo Soly, "The Political Economy of European Craft Guilds: Power Relations and Economic Strategies of Merchant and Master Artisans in the Medieval and Early Modern Textile Industries", in Lucassen and others eds. , *The Return of the Guilds*: *International Review of Social History*, Supplement 16, Cambridge University Press, 2008, pp. 46-47.

〔2〕　See Venezia, *Archivio di Stato di Venezia* (ASV), Arti, busta 312, anno 1446.

图8 威尼斯手工业行会章程目录[1]

　　契约基础上的职业联合，赋予了中世纪行会以超越身份型传统秩序的新面貌。行会成员都是作为独立的个人，凭借自身的专业技能和资历自愿加入行会的，由此打破了古代依附性家族血缘关系和封建等级制度构成的职业门槛。根据专业技能和资历的差异，行会成员内部分为师傅、帮工和学徒三个层次。三个层次以契约为联系纽带，组成一个新型的契约共同体。行会师傅在技艺传授和生活起居等方面承担照拂学徒的责任，学徒完成师傅交办的任务、谦谨习艺并完成升级测试，帮工则是完成升级测试、尚未独立开张的高级学徒。每一个层次的成员都严格遵循行会章程的约定从事学习、工作与生活。不少师徒甚至在行会章程的前提下，另外拟订专门的师徒契约。师徒契约的一方为学徒本人或者其父母，另一方为师傅，内容包括学徒年限、生活费用等涉及双方的各项权利与义务。英格兰诺福克郡的一份师徒契约写道，托马斯·利斯布鲁克同意向罗伯特·尼克传授石匠的技艺，供给其食物，并在学徒期满时付给他3

---

〔1〕 图片来源威尼斯档案馆，载 https://www.archiviodistatovenezia.it/it/.

磅足色的钱币和两套合身的衣服等，此外还有斧、锤、鹤嘴锄和泥刀各一。[1]1499 年英格兰赫尔手套匠行会章程规定授业期限的时候也谈到师徒契约，师傅招收的学徒，学徒期不得短于 7 年，师徒契约中必须予以明确规定。[2]

行会章程和师徒契约对行会成员的权利义务都有具体而明确的规定，并要求行会成员信守承诺、诚实无欺。例如，师傅必须与学徒和帮工一起劳作，便于学徒现场观摩；因学徒技艺的纰漏而导致的损失，由师傅承担责任；师傅不得在手头任务尚未完成的情况下布置新的任务，也不得强迫学徒从事有损身体健康的工作。[3]如果师傅虐待学徒，一经查实，轻者给予警告，重者将学徒转至他人处，或允许学徒另择师傅。不少行会为了确保技艺传授的质量，规定每位师傅每次招收的学徒以 3 名为限。随意开除学徒的行为也被明文禁止，会长不仅可以对无故开除学徒的师傅处以罚款，还须帮助学徒重返行会生活，另外择师学艺。假如遇到师傅破产或死亡的特殊情形，行会有义务为学徒另择归所。[4]与此相应，对学徒也规定了一系列的行为准则，比较常见的有：学徒必须忠于师傅，遵守行规，不得偷盗、不得酗酒嗜赌等。无视行会纪律、逃离习艺的学徒将受到处分。[5]值得注意的是，行会特别强调职业技能的培训与提高，并以此作为考核晋升的唯一标准。由学徒到帮工、再由帮工到师傅

---

[1] 参见金志霖：《英国行会史》，上海社会科学院出版社 1996 年版，第 106 页。

[2] 参见《赫尔手套匠行会章程》，转引自金志霖：《英国行会史》，上海社会科学院出版社 1996 年版，第 100 页。

[3] See Georges Renard, "Guilds in the Middle Ages", G. Bell and Sons, 1919, pp. 11-13.

[4] See "Capitulare Artis Barbariorum", Clause 20, Giovanni Monticolo and Enrico Besta eds., *I capitolari delle Arti Veneziane: sottoposte alla Giustizia e poi alla Giustizia Vecchia dalle origini al* 1330, 3 vols, Forzani, 1896-1914, p. 43.

[5] See "Capitulare Artis Mercariorum", Clause 16, *I capitolari delle Arti Veneziane: sottoposte alla Giustizia e poi alla Giustizia Vecchia dalle origini al* 1330, p. 313.

的晋升，必须经过严格的"出徒测试"（show ability before gradua-tion）。考试内容通常是制作某件技术含量较高的行会产品，且必须在多名行会师傅目睹下独自完成。比如，雕塑行的学徒应当完成一座阁楼的设计模型，画匠行的学徒必须提供一幅多彩、精美的绘画作品，建筑行的学徒制作简单的拱顶、门廊，或者修复墙壁等。这种唯技能为准的考核晋升制度，排除了身份地位的影响，体现了契约的平等性。一个普通学徒，只要刻苦勤奋，努力提高技艺，就可以成为熟练工，最终成为师傅。

　　行会契约的平等性还体现在统一的生产经营权和质量标准要求上。整体上看，行会对自身行业的经营权是垄断性的，只有行会成员才有权从事这一行业并获取利润，在经营时段与空间、原材料、工艺、价格、利润等方面，行会成员也享有行外人所不具备的权利。与此同时，行会严禁成员的欺诈行为，旨在维护行业的正常经营秩序和行会的社会信誉，所以"毫无欺骗的信任"（bona fide sine fraude）在行会章程中反复出现。为此，行会章程规定了行会成员的基本义务，主要包括：服从行会的基本经营权限；未经行会许可的私相交易和店面作坊都应杜绝；配合行会日常的监控与巡视，保障产品质量；统一度量和模具的基准；严禁以次充好、缺斤短两、哄抬物价等影响整体经营效益的行为。例如，在中世纪商业之都威尼斯，玻璃商行会要求采用特定质料的熔炉以保障玻璃制品的质量；鞋匠行会则明确了原料进口、皮革切割、零件缝制、成品售卖各个环节的分工，甚至包括皮革抛光"须将粗皮浸入水中打磨，然后使用阳光或者火把进行烘干处理"[1]等具体方法的细节指导，还包括皮鞋款式的限定如"能够同时包裹成人的小腿和脚"，以及价格区间

_____

〔1〕 "Capitulare Callegariorum", Clause 60, *I capitolari delle Arti Veneziane : sottoposte alla Giustizia e poi alla Giustizia Vecchia dalle origini al* 1330, p. 152.

的标准如"山羊皮制的靴子价格应为最高"等〔1〕；理发师行会除去日常的理发修剪业务，还承担基本的医疗护理职能，如拔牙、抽血与伤口护理等，为防止疾病的传播，行会章程要求理发师在医生的嘱咐之下，严格按照特定的时间、地点完成工作，使用统一模式的1英寸玻璃容器处理血液，甚至涉及传染病患者接触的医疗器械隔离遗弃方法等。行会管理机构负责对不同作坊的产品质量进行监督检查，对于符合标准要求的产品，可以烙印行会的名称和代表生产作坊的符号。烙印一方面表明产品业已经过行会质检，质量合格；另一方面也是一种宣传手段，具有简易商标的功能。

图9　中世纪手工业行会作坊图景〔2〕

　　根据行会契约的约定，行会的内部管理采用民主方式，不受身份地位的影响。行会的管理者包括全员集会（assembly/capitolium/capitolo generali）、行会会长（chief official/aldermen/warden/gastaldo）、

---

〔1〕 See "Capitulare Callegariorum", Clause 21, *I capitolari delle Arti Veneziane：sottoposte alla Giustizia e poi alla Giustizia Vecchia dalle origini al* 1330, p. 142.

〔2〕 载 http://www. veneziamuseo. it/TERRA/San_ Marco/Zulian/zul_ sp_ peteneri_ arte. htm，最后访问日期：2022 年 12 月 10 日。

理事会（court of assistants/committee/banca）和身为辅助官员的秘书员、信使等。[1]行会会长掌握行会事务的决断与执行权，理事会协助并监督会长的工作，全员集会是理论上的最高权威。会长负责主持行会活动，可在理事会的协助之下巡视行会作坊，探查可能的违规行为，以及处罚违纪的行会成员、调解成员内部矛盾等。包括会长和理事会成员在内的行会领袖，都是选举产生的，而且任期短暂，每年改选一次。行会领袖的选举方式多种多样，诸如全员集会选举、选举人选举、简单投票、随机抓阄等。为了保证公平公正，杜绝权力滥用以及贿选，候选人的亲属往往不得成为选举人——"会长身故时，任何属于彼之人，不论为其子抑或其他亲属，俱不得代理其职务，应由众兄弟按照己意另行推选一新会长。"[2]不仅如此，选举人的亲属还不得担任监票员和服务人员，父子、岳婿以及同族兄弟都不得在同一时间担任选举人。所以，当选者几乎全是有威信和能力出众的行会成员。行会领袖就职时必须宣誓保障行会的利益，否则可在理事会和全员集会的提议下接受处分。[3]卸任会长还须圆满完成他的最后一项工作，即组织全员集会完成继任会长和理事会的选任。民主选举监督制和有限任期制避免了行会管理走向专断和寡头化的可能性。

　　行会的对外联系与活动同样遵循契约逻辑。中世纪的行会全部集中在城市中，而城市又分别处于国王或教会或贵族领主的领地上，所以，行会的建立及其经营权，必须获得城市政府以及国王、教区

---

〔1〕 See "Capitulare Artis Barbariorum", Clause 3, *I capitolari delle Arti Veneziane: sottoposte alla Giustizia e poi alla Giustizia Vecchia dalle origini al 1330*, p. 40; Ernest Pooley, *The Guilds of the City of London*, William Collins of London, 1945, p. 9.

〔2〕《林吉斯圣三一商人行会规章》，转引自金志霖：《英国行会史》，上海社会科学院出版社1996年版，第63页。

〔3〕 See "Ordinances of Guild of the Joiners and Carpenters, Worcester", *English Guilds*, p. 232.

或贵族领主等外部权贵的批准才具有合法性，而行会既无权又无势，更没有武装，只能通过协商和契约方式，以许诺纳税、承担城市公共义务等为条件，换取管辖主体对自身经营权的认可，还要保证遵守"国王的法律以及当地的习惯"（古英语：haue the punysshement of every defaute accordynge to the Statute, and to the lawe）。[1]比如，英格兰、法兰西的行会多是经国王"批准"成立的。在城市国家威尼斯，城市当局相当于国家政府，建立行会手续较为简单，但也必须在城市当局备案，即便是在行会取得城市领导权的佛罗伦萨，也需要明确承认行会的成立乃"因圣父、圣子、圣灵之名"（In nomine Patris et Filii et Spiritus Sancti）亦即神的授权。[2]这些不同的授权方式，虽然反映了行会从属于管辖主体政治权威的依附性特征，但也明确了行会的基本权限，实际上标志着行会与管辖主体之间具有法律效力的契约关系的确立。所以，行会通常都把这些对外契约内容写入章程，奉作金科玉律严格遵守。如英格兰诺里奇圣凯瑟琳兄弟会章程写道：

"根据国王的许可，本章程由诺里奇市长予以确认并适用于本行会的全部管理者、成员、客户以及其他相关人员。章程以公开的书面形式，清晰地确认本行会的生活规范。它有持续的、权威的功能及形式，以聚合的、神圣的力量纯化行会的生活。它的效力及于行会既有的职能，包括但不限于行会人的经营自由、地位、贸易规范、技术经验，同样适用于行会的财产，包括土地、租地、所有物、私有地产以及非私有地产等。无论如何扩张或者变迁，本行会都应

〔1〕 See "Ordinances of Guild of the Joiners and Carpenters, Worcester", *English Guilds*, p. 381.

〔2〕 See Cura di Anna Maria E. Agnoletti, *Statuto Dell' Arte della Lana di Firenze*, Felice le Monnier Editore, 1940, p. 13.

受到的具体约束性条款如下：……"〔1〕

契约就是法律，行会章程以及由此衍生出来的各种行会规范便成为解决行会内外纠纷冲突的主要法律根据。行会的内部纠纷主要因行会成员违反行会章程的不法行为或经营活动中的违约失信行为所引起，多数涉及产品的质量、帮工的福利或者学徒的基本待遇问题，行会的外部纠纷多是行会之间的贸易冲突或外商的侵权行为所引起，由此形成了两种不同的行会诉讼。首先是内部诉讼（Internal Processo），其诉讼人以行会成员为主，行会管理机构是管辖此类诉讼的司法主体。对于一般性的违约失信行为，罚款是最常用的处罚手段。对于严重违反行会规章的行为，通常处以行会"极刑"，亦即将其逐出行会。这种处罚具有较大的威慑力和警示作用，但适用范围有限。无论是罚款还是逐出行会，目的都是敦促行会成员遵守行会章程和行业规范，维护行会内部的正常秩序与和谐关系。其次是外部诉讼（External Processo），包括不服内部诉讼裁决结果的上诉和行会之间的诉讼。在此类诉讼中，行会管理机构是诉讼之一方，市政法院是司法管辖主体。实践中，许多城市的市政法院既受理不服行会裁定的上诉，也直接审理行会之间的诉讼纠纷。比如，威尼斯的最高民事法院"四十人司法委员会"（Quarantia Civil Nuova）。即使如此，在这一类诉讼中，行会章程中有关基本权利义务的规定，仍是当事人主张权利和法院裁决的基本依据。

通过以上两种诉讼形式，建立在契约基础上的行会章程以及相关规范落到实处，行会成员的合法权益得到保障，同时，行会章程以及相关规范也得到了行政当局和社会的广泛认可，成为国家法律体系的一个有机组成部分。

---

〔1〕 "Ordinances of Fraternitas Sancte Katerine, Norwic", *English Guilds*, p. 28.

三、消解与遗传：中世纪行会对现代法律文明的贡献

作为契约共同体的行会以及契约型行会法律规范，对传统的身份社会结构及其法律秩序造成了巨大冲击，推动了欧洲法律文明由传统向现代的过渡。然而，行会毕竟是中世纪封建社会和手工业时代的产物，在它身上不可避免地打着传统社会的身份烙印。

首先，中世纪行会仍在一定程度上沿袭了等级身份传统。行会成员虽然都是独立的工商业者，但行会内部的三个等级界限分明，在师徒如父子的封建道德观念下，学徒和帮工时时处处都唯师傅马首是瞻，终生不得背叛师傅，这种准父子身份关系束缚了学徒与帮工的个人发展和自我价值的实现。有些保守的师傅为维护垄断性经济利益，防止技术外流，不愿把关键技术传授给外来的学徒和帮工，刻意培养自己的子女以便继承家业，严重阻碍了技术的改进与创新。按照行会规定，学徒期限一般为 7 年，出徒后即有资格独立开业，但多数学徒因资金、原料、市场等方面条件的限制，无力自立门户，只能继续跟随师傅无限期地充当帮工，从而成为长期依附于师傅的封建性雇员。即使在师傅阶层中，也有大师傅和小师傅的等级之分。大师傅经济实力雄厚，多是行会领袖，其社会地位和政治影响力都远远高于小师傅，甚至享有少量特权。这种等级身份制残余的存在显然是与现代法制文明不相容的，这也是行会最终落后于时代而被历史所抛弃的重要原因之一。

其次，中世纪行会无法完全摆脱对当地政府的政治依附性。中世纪行会分别隶属于所在城市政府的管辖之下，主要依赖于本地的资源和市场，尽管少数大型商会拥有跨地区乃至跨国贸易往来，但占绝对多数的手工业行会只能依托当地的资源与市场，故而行会章程规定的道德原则、产品种类、质量标准、生产规模与价格体系主要旨在满足当地的社会需求，而且必须服从当地政府的管制。至中世纪末，民族主权国家在欧洲相继建立，政府的社会管理职能和范

围迅速扩大，行政、税收和司法体系日益健全完善，行会原本享有的组织本行业生产、裁断内部纠纷等职能纷纷转入政府手中，行会日趋衰落。特别是古典自由主义经济盛行的民族国家，如17世纪的荷兰与18世纪的英国，确立了强势行政管理和税收体系，积极支持资本新贵抵制行会，推动了全欧范围内的"行会弱化政策"（Guild-Weakening Policies）甚至"反行会"（Anti-guild）政策。[1]中世纪显赫一时的意大利城市国家，如米兰、佛罗伦萨、博洛尼亚、威尼斯、米兰等，昔日的行会盛景也成明日黄花。[2]

是故，至18-19世纪，随着资本主义经济政治制度和现代法制文明在欧洲的确立，曾经风光上千年的行会，作为一种实体性社会经济组织陆续退出了历史舞台。但是，中世纪行会所蕴含的契约精神不但没有销声匿迹，反而得到进一步发扬光大。摆脱了等级与身份枷锁、完全建立在个人意思自治基础上的现代契约成为维系社会的黄金纽带。同时，中世纪行会已经开始关注的个人与团体、权利与义务的关系等问题，也更加受到人们的重视。例如，在19世纪围绕《德国民法典》制定所展开的论战中，有关个人与团体的关系命题始终占据主要地位，从蒂堡、艾希霍恩到基尔克一脉的日耳曼法学者对传统的行会进行了反思与挖掘，并将行会的法律制度视作传统法的基本要素和德意志民族精神的一部分。其中的集大成者基尔克，将私法分为个人法和团体法，认为个人法是从主体的自由出发，规范个人相互平等关系的法律；团体法将人视为社会组织中的一分子，是约束有组织的全体成员的法律。在此基础上，1900年的《德国民法典》成功融合了日耳曼团体主义与个体权利的要素——法人

〔1〕　See Charles R. Hickson, Earl A. Thompson, "A New Theory of Guilds and European Economic Development", *Exploration in Economic History*, Elsevier, Vol. 28, No. 2., 1991, pp. 127-168.

〔2〕　See Carlo Poni, "Norms and Disputes: The Shoemakers' Guild in Eighteenth Century Bologna", *Past and Present*, No. 123, Oxford University Press, 1989, p. 83.

的概念正式诞生。《德国民法典》以"权利能力"替代"人格"，将"生物的人"转化为"法律的人"，为团体的法律地位保留了充分的制度空间。由此可见，孕育于中世纪行会中的团体与个人权利义务关系的基本原则，作为现成的法律资源被现代法制所继承与发扬。

四、结论：在身份与契约之间，但以契约为主

中世纪行会的历史完整而具体地展示了身份关系的消解和契约关系的进化过程，生动地反映了人类法制文明的发展趋势与规律。就历时维度而言，中世纪行会堪称是传统法制向现代法制演化过程的一个历史缩影。若从共时维度讲，中世纪行会是一种介于身份与契约之间或者说二者兼具的特殊法律共同体。

中世纪行会的这种双重性是特定时空条件下的产物。在中世纪早期动荡不定的局势下，流离失所的工商业者迫于生计汇聚于城市中，他们原本是互不相识、素无联系的陌生人。为了能够有一个和平有序、合作共赢的工作与生活环境，只能以职业工为基础，以契约为纽带，自发结合而成同业者行会，而且必然以行会章程的形式将彼此之间的约定以法律的形式确定下来。所以，行会的建立本身就是对传统身份关系的否定，就是立基于契约关系的基石之上的。然而，中世纪行会及其所依托的城市，无一不处于由等级身份构成的封建社会关系的大环境中，所以不可能"出污泥而不染"，继续保留了上述各种等级身份关系的残余。不过，两相比较，契约关系毫无疑问占据主导地位，这集中体现在以下三个方面：

首先，以权利和义务为核心约定内容，确立了行会成员在法律上的平等地位。行会成员通过宣誓自愿入会，由此而平等地享有会员权利、履行会员义务，并通过行会章程将这些权利义务固定于法制的范围内。行会章程中有关权利义务和对违反者的罚则诉则等规定，对全体成员是一视同仁的，即便身居管理者职位的行会领袖，

也处于有限任期、有限权力的限制下，并不因身居管理职位而高人一等，导致身份的差别。行会章程为勤奋能干的学徒提供了通往成功的均等机会，行会的日常生活管理遵循统一的标准。师傅、学徒和帮工之间的等级差别是客观自然条件造成的社会差异，而非法律不平等的表现，更不代表尊卑贵贱。所以在正常状态下，行会内部关系的基调是合作而不是竞争，是和谐而不是冲突。可以说，从行会建立伊始，成员之间永久性的身份差别和从属关系就不复存在。

其次，以授权的方式赋予了行会团体以法人资格，据此，行会可以在对外交往中合法地抗衡外部权威。行会章程都明确授权行会领袖以行会团体利益的代表者资格，负责处理对外联系与交往事宜。这样，在对外关系中，行会就具备了"人的特质"（Persona Moralis）[1]，如同一个自然人一样。这种特质虽然是拟制的，却使行会在面对国王、领主、城市政府等外部权威时，可以以一个权利义务的主体出现，在涉及利害冲突的对外事务中，可以平等地讨价还价，所以更像一种经济交易，而非身份上的从属与依附。可以说，中世纪行会作为一个法人的实践活动是现代民法体系中有关社团法人制度的直接历史渊源。

最后，以程序化的司法将行会成员的权利义务落实于实践。行会利益的对立面不是尊荣与特权的持有者，而是诉讼程序中的应诉人。内部的冲突和对外的矛盾种类繁多，有些可以通过协商化解，但根本解决方法只能走司法途径，即依据章程的规定诉诸法律。在内部诉讼的情形，行会是中立的法官；在外部纠纷的场合，行会是主张利益的当事人。无论是在内部诉讼还是在外部诉讼中，维护行会利益和成员的合法权利，都是会长、理事会或其他行会领袖义不

---

〔1〕　See Otto von Gierke, *Naturrecht und Deutsches Recht*, Frankfurt, 1883, vol. iii, translated. by Ernest Barker as *Natural Law and the Theory of Society 1500-1800*, Beacon Press, 1934, p. 186.

容辞的职责所在。通过各种权利诉讼的实践，行会成员的权利意识和维权能力都相应提高，从而为现代法制文明的奠定了社会基础。

总之，中世纪行会虽然保留了传统社会的身份特征，但对外是一个统一的社会团体，是独立的法律主体，享有相应的团体权利与义务，对内每一个行会成员也都是独立的法律主体，也享有相应的个体权利与义务。无论是团体权利义务还是个体权利义务，包括其实现和保障的方式，都是通过契约而非身份设定的，契约性的主导地位显而易见。正是凭借这一特性，中世纪行会率先开始了从传统法制向现代法制的过渡，影响带动了欧洲其他法律领域的历史转变。

（原文载《清华法治论衡》第 25 辑，2018 年 9 月，略有修改。）

演化之"物"：法学财产概念的西源流变

财产是以"物"为起点并不断演化的法学范畴，财产的概念贯穿整个西方法治的进程。古代希腊罗马时期，财产被初步地解释为感官之物所属于人之后的状态。随着社会生活的变迁以及近代法理论的发展，财产概念的解释获得了多样性，"神授说""先占说""劳动说""自然权利说""契约说""法定说"等等不一而足；财产本身也远远超出了人类可感触的"田野、风车、牛马"等静态具体物，转而进入了思维拟制而成的动态抽象物，如债务、股份、专利和版权等。但是，变迁的财产和财产理论均未摆脱其作为"物"的属性和拟制，财产的概念实际也从未改变以物的开放性为导向的认知基础——正是经历了"物的演化"，财产的概念才成为与现代社会相适应的、属于某主体所有的、具有价值的东西，亦即现代法所强调保障的法益。

一、基于物之物——财产概念之滥觞

古代希腊罗马时期，财产的概念尚未超出有体之物的感识范围。在拉丁语中，"财产"一词被直接表述为"res"，词性为"neuter"（中性词），词意为"物，或者财产"，体现出"财产=物"的本质和存在形态。正是这一时期，希腊先哲和罗马法学家围绕财产之物展开了思考和论证，对财产的概念进行了最初的辨析与应用。

希腊先哲开启了探索财产概念的理论先河。苏格拉底、柏拉图和亚里士多德都在事实层面认可有体物为内涵的财产概念，同时也在伦理层面对财产的概念进行了外延上的限定和思考。首先，他们都认为财产本质上是以动产和不动产为主的有体物。柏拉图和亚里士多德在评价法勒亚"平均财产"制度的时候，对财产的概念有着近乎一致的阐释，"他（法勒亚）所均的仅以地产为限，但人间的资财还有奴隶、牛羊和金钱，以及其他种种所谓动产，人们尽可在这方面致于富饶。"[1]柏拉图甚至主张财产登记，以便法官对涉及财产的法律诉讼作出判断。与此同时，先哲们还从个体人与团体城邦关系的角度，对财产概念的外延进行的了伦理学上的限定。他们几乎达成共识，认为财产应当有助于实现城邦的善。只是，苏格拉底、柏拉图主张以城邦财产限制并吸纳个体财产，以最大"划一"消灭冲突，进而更好地实现财产的价值，并认为公民有关财产的争论从根本上阻碍了财产的增长；亚里士多德则试图划出财产的"边际"，在承认个人财产的基础上促进城邦财产。亚氏一方面从个人财产的角度限制公有财产，认为在个体人组成的社会中，全"公"或全"私"都是有问题的，公产下只有共有财产，人们对共有财产并不关心，也缺乏创造共有财产的热情和动力，这就必然导致公产下的低效率和低生产力，公产下的财产必然是短缺的。另一方面，他又节制私有财产，划出了财产的"边际"："比较清楚的叙述（界说）应该是'以足够维持其素朴（节制）而宽裕（自由）的生活'为度。让这两个词联合起来，划出我们应用财富的边际——两者如果分开，宽裕（自由）将不期而流于奢侈，素朴（节制）又将不期而陷于寒酸。人们在处理财富上表现过弱（吝啬）或过强（纵滥）的精神都是不适宜的，这里唯有既素朴而又宽裕，才是合

---

〔1〕 ［古希腊］亚里士多德：《政治学》，吴寿彭译，商务印书馆 1983 年版，第 74 页。

适的品性。"〔1〕对此，柏拉图在其晚期作品《法律篇》中也改变《理想国》禁止私产的想法。为了划定私产的界限，柏拉图甚至制定了贫富标准，收入低于贫困线者获得配给，高于贫困线者也不得超过太多。"（人们）超过限度的收入交给国家和国家的神，以此保持好名声，避免所有对他的起诉。"〔2〕希腊先哲的财产理论体现在了公元前594年雅典政治家梭伦改革的立法中，最终起到了维持社会的稳定的积极作用。

罗马法学家及罗马法的财产概念仍然出自可感识的有体物，但有关财产概念的抽象拟制已经产生并运用到具体制度的层面。就立法指导思想而言，罗马财产理论与职业法学家信奉的自然法观念不无关系。古希腊斯多噶学派的自然法思想经西塞罗传给罗马法学家，并为罗马法哲学及私法所吸收。西塞罗倡导的保护自由公民的权利、建立合乎自然精神的法律秩序等思想，奠定了抽象财产概念的理论基础。体现在罗马法中，财产仍然是有体物本身，只是作为财产的物获得了权利意义上的"归属"之后，"财产权"随之成立并同样作为法律保护的客体。在此基础上，法学家盖尤斯（Gaius）在其《法学阶梯》中区分了有体物和无体物：有体物是以实体存在，并且可以凭人们感官触觉的物，如动产和不动产；无体物则仅指没有实体存在而为人认可的物，如债权、用益权、地役权等权利。〔3〕换言之，财产的概念已经以拟制的方式进行了扩充，不仅有体物本身是财产，权利也被定义为物并有条件成为财产。值得注意的是，由于财产存在的主要形式仍然是有体物，罗马法的财产概念实际局限

---

〔1〕 ［古希腊］亚里士多德：《政治学》，吴寿彭译，商务印书馆1983年版，第63页。

〔2〕 ［古希腊］柏拉图：《柏拉图全集》（第三卷），王晓朝译，人民出版社2003年版，第503页。

〔3〕 参见［古罗马］盖尤斯：《法学阶梯》，黄风译，中国政法大学出版社1996年版。

于有体物的范畴之中，而受罗马法所保障的无体物财产，仅充当了有体物财产的"例外"——有体之物、感官之物仍是古罗马财产概念的核心。

西罗马帝国灭亡之后的欧洲中世纪时期，财产的概念一方面继受了罗马法，一方面受到基督教神学的影响，出现了"神学的解释"和"世俗的解释"两大分流。"神学的解释"即《旧约全书·诗篇》第115节所说，"天，是耶和华的天；地，他却给了世人"。此时，财产或者被诠释为教会神学体系的一部分，是教徒修行的媒介之一，或者被解释为君权神授的理论依据，为封建权力体系保驾护航。17世纪，英国保皇派绅士罗伯特·菲尔麦的著作《父权制或国王的自然权利》，就对君权神授论作了极其充分的表述。在他看来，君主可以占有臣民的财产并驱使他们的身心，因为是上帝赋予君主绝对权力的，而臣民只能服从这种至高无上的政治权力。相比之下，同一时期的"世俗解释"，则不仅沿袭了罗马法上的财产概念，更接受了日耳曼法"团体财产""分层财产"等新理念的改造——某一财产可能基于血缘关系和人身依附的关系，次生若干互不矛盾的权利并同样成为抽象物之财产。日耳曼地产及其之上并存的各种占有权就是最好的例证。中世纪的多样性解释为近代财产概念的深化讨论奠定了根基。

二、基于权利之物——财产概念之推衍

近代古典自然法学者在"权利"体系之上推衍了财产概念。他们的表述各个不同，但总体逻辑十分明确，即如果物是财产，那么因物而生的"权利"也一定是财产。这样，古典自然法学发展了古代和中世纪世俗解释之下的有体物财产观，为财产的概念注入了权利的范畴。此时，财产之物已经突破了有形物和无形物的分界，"权利"本身的财产属性已是毋庸争辩的事实。正因如此，这一时期的财产概念成为反对封建神学世界观、促进近代国家理念形成的助推力。

早期自然法思想家格劳秀斯和塞缪尔·普芬道夫的财产概念，标志着罗马法上的财产之物也开始了正式"权利化"的进程。为了驳斥神学财产概念的"神授财产说"，格劳秀斯和普芬道夫均提出了财产概念的"契约同意说"。他们几乎一致认为，财产是人类为了生存和自我保护而利用外物的结果。为此，他们还区分了私有财产和公有财产，认为自然状态的物就是公有财产，人们在公有财产的基础上通过明确的协议或者默示的同意进行分割，也就确立了私有财产。[1]普芬道夫认为，（自然状态下）这些物品被认为是由上帝无差别地恩赐给人类中的每一个，它们并不特别地属于这个人而不是另一个人。[2]为此，财产是人们应该根据人类的条件以及为保持和平、安宁和好秩序的需要而对自然物品进行安排。[3]亦即在人们能够区分"你的"与"我的"财产之前，首先必须订立契约以确立财产权利并到他人的认可。可见，早期自然法学者的财产概念已经在物的基础上吸纳了权利要素。

继早期自然法学家之后，约翰·洛克将"物上权利"学说系统运用于财产理论，近代财产概念的经典理论应运而生。洛克的财产概念体系明朗，既指个人拥有的"物之财产"（possessions），包括地产（estates）、财富（fortunes）和物品（goods），还包括广义上的"权利之财产"（property，又称所有权）。后者实际就是财产的扩大化解释，它以可感的"物"为基础，以人的对物"劳动"为纽带，

---

〔1〕 参见王铁雄：《美国财产法的自然法基础》，辽宁大学出版社 2007 年版，第 23 页。又参见［荷］格劳秀斯：《战争与和平法》，［美］A. C. 坎贝尔英译，何勤华等汉译，上海人民出版社 2013 年版。

〔2〕 See Samuel Pufendorf, *On the Duty of Man and Citizen*, James Tully ed., Cambridge University Press, p. 85.

〔3〕 See Samuel Pufendorf, *On the Duty of Man and Citizen*, James Tully ed., Cambridge University Press, p. 85.

是串联健康、生命、自由等权利的总和。洛克首先论证了财产来源，认为财产的本质是添加了人类劳动的自然物。一方面，他借助自然状态和契约理论肯定了财产之物的自然性和先天性，强调人与人的平等之下的自然物"共有"，以个体生命、自由和财产的不可侵犯性反驳了菲尔麦等人的"王位世袭"和"君权神授"观念。他说，人们既然都是平等和独立的，任何人就不得侵害他人的生命、健康、自由或财产；[1]土地上所有自然生产的果实和它所养活的兽类，既是自然自发地生产的，就都归人类所共有，而没有人对于这种处在自然状态中的东西原来就具有排斥其余人类的私人所有权。[2]另一方面，洛克提出"劳动取得财产"反对普芬道夫的"同意说"，认为如果这样的"同意"是必要的话，那么，"人类早已饿死了"。"劳动"才是自然物脱离自然状态、排除他人权利的过程，也是私有财产产生的过程。正是我的劳动使它们（自然物）脱离原来所处的共同状态，确定了我对于它们的财产权。[3]土地和一切低等动物为一切人所共有，但是每人对他自己的人身享有一种所有权，除他之外任何人都没有这种权利。他的身体所从事的劳动和他的双手所进行的工作，我们可以说，是正当地属于他的。所以只要他使任何东西脱离自然所提供的和那个东西所处的状态，他就已经掺进他的劳动，在这上面参加他自己所有的某些东西，因而使它成为他的财产。[4]在此基础上，洛克顺势提出了财产不被侵犯、国家和政府应服务于

----

〔1〕 参见［英］洛克：《政府论（下篇）》，叶启芳、瞿菊农译，商务印书馆1996年版，第6页。

〔2〕 参见［英］洛克：《政府论（下篇）》，叶启芳、瞿菊农译，商务印书馆1996年版，第18页。

〔3〕 参见［英］洛克：《政府论（下篇）》，叶启芳、瞿菊农译，商务印书馆1996年版，第20页。

〔4〕 参见［英］洛克：《政府论（下篇）》，叶启芳、瞿菊农译，商务印书馆1996年版，第19页。

财产保护的基本宪法命题。既然健康、生命与自由等财产都是人所固有的，不依赖于社会或国家的承认和授予，那么承认这种财产权就意味着统治者的权力要从根本上受到限制。洛克甚至认为，是否承认和保护财产，是区别政治权力与专制权力的关键。这样，洛克以物为基础、以劳动为媒介的财产概念把一切物和权利化约为财产，使财产不仅成为个人权利的象征，而且成为个人权利与政府权力的界限。洛克的财产概念在倡扬权利和反对专制的过程中具有了积极的意义。

在洛克财产理论的基础上，雅克·卢梭对财产概念的权利体系进行了深化。在逻辑起点上，卢梭以社会契约和公意修正了洛克的天赋财产观。卢梭认可洛克的"天赋权利说"和"劳动所得说"等财产理论，但他认为洛克的学说都还仅停留在事实状态的描述层面。卢梭悲观地认为，物的先天性和自然性实际为人不平等地占有财产创造了条件，劳动以及公民社会的出现不必然形成财产。法律制度也都不过是使不平等财产状况得以确定和保护的手段。[1]对此，卢梭以社会契约和公意充当财产成立的必要条件。他认为，唯以全体人民的共同意志为基础，财产本身才能将属于事实状态的"占有"合理地转化为"权利"，财产才能最终确立。[2]也正是公意的存在，才使原有的财产占有被社会认可，从而具有了正当性。由此可见，卢梭的财产理论奠基于"社会契约"和"共同利益"之上，为财产的范围、种类和运行规则注入了"公意"的新内涵。

德国哲学家弗里德里希·黑格尔对自然法学家们的财产概念进行了精神意志的层面补充。黑格尔的财产概念并不拘泥于实体物，

---

[1] 参见［法］卢梭：《论人类不平等的起源和基础》，李常山译，商务印书馆1997年版，第120−129页。

[2] 参见［法］卢梭：《社会契约论》，何兆武译，商务印书馆2003年版，第30−40页。

而更加着眼于人的自由意志本身。他认为，财产是自由的最初"定在"——人为了作为理念而存在，必须给它的自由以外部的领域，这一外部领域就是财产。"人有权把他的意志体现在任何物中，因而使该物成为我的东西；人具有这种权利作为他的实体性的目的，因为物在其自身中不具有这种目的，而是从我意志中获得它的规定和灵魂的。这就是人对一切物据为己有的绝对权利。"[1]反之，人也只有在与外部的某件东西发生财产关系时才成为真正的自我。这样，黑格尔笔下的财产不仅是人类自由的最初载体，而且成为人自身实践的终极目标。从这个角度出发，财产具有了超脱于物质世界的永恒性与合理性。黑格尔财产概念的意志性和超然性实际上为19世纪以后的财产纯粹权利形态暗藏了伏笔。

近代思想家的财产概念直接体现为大陆法系和英美法系的具体财产制度。大陆法系颇为严格的遵照罗马法财产概念的基本架构，形成了一套具体物财产和抽象权利拟制规则，使得任何具体的物和权利均可纳入财产范畴的框架之内。1804年《法国民法典》第516条规定，财产或为动产，或为不动产。第529条规定，以请求偿还到期款项或动产之目的之债权及诉权，金融商业或产业公司的股份及持份，均依法律规定为动产。与此同时，1900年《德国民法典》第90条、1890年《日本民法典》第85条都坚持了"物为有体物"的观点，1912年瑞士民法典第655条明确规定某些权利也可以成为所有权的客体。类似的情况适用于在英国普通法形成时期，财产也被分为动产和不动产，并表现为诉讼程序上的差异。然而，社会进步不断撼动着物的边界，使得财产权利的取得方式及其分类不断松动，两大法系的"财产"一词也具有了越发宽泛的意义。尤其在普通法系正式形成之后，英美国家即给予了抽象物更多的关注，认为

---

〔1〕［德］黑格尔：《法哲学原理》，范扬、张企泰译，商务印书馆1961年版，第59页。

权利本身是实际利益的当然体现，在法律上理应独立成为财产并享受充分保护。然而，无论大陆法系的权利拟制还是英美法系的抽象物，实际都仍然坚持了"物"的基本出发点，进而为财产概念的推衍提供着不断广阔的制度空间。

三、基于责任之物——财产概念之集成

19 世纪以来，西方经济社会的发展致使新型法律关系大量涌现，而数个世纪以来的物之演进历程，为现代财产的膨胀趋势提供了天然的传统支持。表面上看，"财产＝物"的概念似乎已被封存，但财产之物的可拟制性和可抽象性仍在法律思维的层面操控着财产。因此，尽管财产本身早已超越了古典财产理论中的物和物上权利，尽管新型物、单一权利甚至"权利束"也被顺利吸纳成为财产——财产的概念仍然体现着物之演进的基本态势。[1]

正是物本身的认知开放性，带来了现代财产概念"气吞山河"的迅速膨胀趋势。现代社会实践中，不仅股票、债券等有价证券作为新型物大量出现并成为财产，以权利形态而存在的商业信誉、知识产权、就业机会、营业执照、政治特许等也都被划入财产范畴。[2]大陆法系、英美法系各国有关财产的立法虽各具特色，但都基本反映了这一发展趋势。对此，美国法学家霍费尔德的新型财产理论颇

---

[1]　19 世纪 20 到 30 年代，法现实主义者将财产权视为一系列独立权利组成的财产束。但对于财产束的组成，却有不同的见解。有学者认为，财产束是由一系列诸如排他权、使用权、转让权、和对某些资源的继承权等功能性属性的结合（Felix S. Cohen，"Dialogue on Private Property"，*Rutgers Law Review*，Vol. 9，No. 2.，1954，p. 357）。也有学者持相反观点，认为财产束本身并无实际意义，仅仅是一些权利的聚合，就如同将主体在社会中所持的杂乱的（权利）份额放入一个信封，并赋予该信封一个统一术语（Walton H. Hamilton，Irene Till，"Property"，*Encyclopedia of the Social Sciences*，Vol. 12，1934，p. 528）。转引自喜佳：《英美财产权理论对我国财产权重构的启示》，载《西安交通大学学报（社会科学版）》，2009 年第 4 期。

[2]　参见吴汉东：《无形财产权的若干理论问题》，载《法学研究》1997 年第 4 期。

具代表性。他的私有财产概念是彻底非物质化的，常常不加区别地用来表示有货币价值的所有权客体，同时也指人们对物的权利。他反对把财产等同于物或者支配物的权利，认为这是旧的财产观念。他认为，不管有没有"有形物"作为权利的对象，财产都是存在的。拥有财产的所有者具有一系列的权利、特权、权力和豁免，而其他个体相对所有者来说，就是无权利、无能力，只有义务和责任。[1]比如，土地所有者的财产实际上是由相对于其他人的一系列权利、特权、权力和豁免的复杂的集合所构成，所有者可以出让一部分对土地的权利，但这不会影响其余财产关系的集合。可见，霍费尔德的财产概念实际是各种权利的"叠加品"。

然而，财产的膨胀反而成为消解自身的"利器"。[2]尽管霍费尔德的纯粹权利型财产备受推崇，但在其影响之下的财产概念本身却不断模糊，进而产生了必须面对的理论和司法难题。霍费尔德也注意到这一问题，他试图设定财产范围的"最低限度"。但是，正如美国法学家肯尼斯·万德威尔德所说，一旦财产被认为包含任何潜在的有价值利益，那么就没有逻辑上的停顿点了。财产可能包含所有的法律关系。[3]如此，不仅财产的概念本身将消解在这一无限扩大的趋势之中，且"随着被当作财产来保护的利益越来越多，就很难说各种财产都应受同等的保护了"。财产概念的"集成"潜藏着自身消亡的危机。

拯救财产概念的危机仍然诉诸于"物"。法学家和法律工作者以"物的拟制"反制"物的拟制"，"旧瓶装新酒"地用"责任意

〔1〕 See Wesley Newcomb Hohfeld, *Fundamental Legal Conceptions as Applied in Judicial Reasoning and Other Legal Essays*, Walter Wheeler Cook ed., Yale University Press, 1923, p.63.

〔2〕 参见［美］托马斯·C.格雷：《论财产权的解体》，高新军译，载《经济社会体制比较》1994年第5期。

〔3〕 参见王战强：《十九世纪的新财产：现代财产概念的发展》，载《经济社会体制比较》1995年第1期。

识"重新解释纷繁的财产体系，试图对财产理论的膨胀实施调控。其中，责任基础上的"再分配"就是理论上解决财产平等保护问题的一剂良药。政治哲学家罗尔斯敏锐地察觉到了财产的差别保护问题，并提出以正义原则来处理事实中的财产不平等。他认为，财产问题经过了几代人的争取和斗争，现今已经成为不争的基本权利共识，并日益获得更充分的保障，只是，财产占有的现实不平等可以通过"分配"的途径获得解决。"所有社会的基本善——自由和机会、收入和财富、自尊的基础——都要平等地分配，除非对其中的一种价值或所有价值的一种不平等分配合乎每一个人的利益。"[1]庞德的社会控制学说也从社会责任意识的角度讨论了财产分配的问题。他根据自己的社会法学研究纲领、价值原则和社会控制理论，认为合理的财产理论应当是利益及其再分配的理论，而不再是一味强调权利。庞德认为，20世纪的法律应该更多地考虑人们的利益、目的和要求，并协调或调和各种关系，且国家、社会和个人都要对自身的财产承担相应责任。[2]

责任意识之下的司法实践活动也成为约束财产膨胀的"缰绳"。美国大法官霍姆斯在"国际新闻社诉美联社"一案中认为，财产其实就是法律所赋予的、对他人干预的排除。[3]可见，为了增强财产概念的可操作性，霍姆斯大法官将利益本身的存在仅仅视为法定财产的条件之一，除此之外，决定财产意涵的是法律的规定、政策的执行、以及以法律和政策为基础的社会公共责任。他着力于排除非财产的法律关系，实际仍然在物的解释和认知范畴之内。就效果而

〔1〕 ［美］约翰·罗尔斯：《正义论》，何怀宏等译，中国社会科学出版社1988年版，第265页。

〔2〕 参见［美］罗斯科·庞德：《通过法律的社会控制》，沈宗灵译，商务印书馆2010年版。

〔3〕 参见王战强：《十九世纪的新财产：现代财产概念的发展》，载《经济社会体制比较》1995年第1期。

言，改造之后的财产不仅强调了社会责任的决定性，还最终为膨胀的财产加注了"理智"。"责任"财产概念形成的过程，实质是财产之"物"本身反思与回归的过程。而这种反思与回归，势必与既有的财产理论与实践融为一炉，使现代财产概念通古今而"集成"。

四、结论

"质本物来追物去"，法学财产概念的西源流变体现着"物之演进"的基本历程。不可否认，从古希腊到近现代，财产的概念经历着被创造的过程，而其自身也体现出不断革新的部分。可以看出，演进中的"财产之物"，奠基于古代希腊罗马的感官辨析、借力于近代权利学说的洗礼、最终发展为现代社会多元化财产理论的进程，实际已被结实地卷入了西方政治哲学由古典自由主义向近代福利国家转变的总体趋势。但是，无论承担主动革新的推力还是充当被动改进的客体，财产的概念始终没有摆脱其"质本为物"的认识基础，或者，至少在逻辑出发点上，"财产＝物"的思维方式仍是贯穿整个概念演进的"红线"。正因如此，即使在经历了工业化、信息化时代的今天，洛克、拿破仑的财产理念早已作古，我们却不得不援引他们以开放性拟制撼动财产边界、进而阐释新型财产概念的思路。也是得力于此，法学财产体系能够适时以自身的调试应对外界的挑战，保持鲜活的生命力。

（原文发表于《经济法研究》，2014年第2卷，略有修改）

中世纪行会视域下的英格兰法律会馆

关于英格兰法律会馆（Inns of Court）的研究，国内学界一直侧重于法律会馆在英格兰中世纪法律教育和近代法律制度建立过程中的突出作用，而对其所以能够发挥突出作用的内在原因，亦即会馆的结构特点与运作模式，则较少进行深入挖掘，甚至对其特有的行会性质也未给予足够的关注。[1]与此不同，英美法史学界较早就认识到，法律会馆具有类似于中世纪工商业行会（guild）的组织结构、功能与作用。19世纪晚期的英格兰法史学家梅特兰曾明确断言："手工业行会规制学徒、排除不称职者并反对不正当竞争，律师们也是如此。"[2]不过，迄今为止，英美学者的相关论述至少存在两个方面的不足：一是多数论著停留在表层特征的描述上，较为笼统，集中性、专门性的深入探讨尚不多见。例如，已译成中文的

---

[1] 相关研究成果，参见舒砚：《英国律师会馆的法律人才培养——法律职业教育与贵族精神的有机融合》，载《中西法律传统》2018年第1期；余辉：《浅谈英国律师会馆教育模式及发展》，载《外国法制史研究》2013年第0期；汪耀：《论英国律师职业教育传统及对我国的启示》，载《高教研究与实践》2012年第1期；尹超：《英国学徒制法律教育与普通法传统的存续》，载《环球法律评论》2010年第2期；魏琛琛：《律师学院（Inns of Court）——英国大学之外的法律教育机构》，载《中国法学教育研究》2009年第3期；胡加祥：《英国律师制度沿革与法学高等教育简介》，载《政法论丛》2007年第4期；柯岚：《律师会馆与法律人的贵族精神》，载《博览群书》2007年第1期；程汉大：《从学徒制到学院制——英国法律教育制度的历史演进》，载《清华法治论衡》2004年第0期。

[2] See Charles M. Hepburn, "The Inns of Court and Certain Conditions in American Legal Education", *Virginia Law Review*, Vol. 8, No. 2., 1921, p. 98.

塞西尔·黑德勒姆的《律师会馆》一书，在系统梳理法律会馆的起源、发展与变迁的同时，花费大量笔墨介绍会馆的建筑特色及逸闻趣事，致使普及性有余而学术性不足[1]；二是对于法律会馆与行会之间的差异尤其是产生这些差异的根源缺乏深层次的定性分析。鉴于国内外的研究现状，从行会的视角出发，对英格兰律师会馆进行结构性剖析，深入认识这一独具英国特色法律机制的性质与作用乃至准确地给予历史定位，无疑是必要的。

一、中世纪欧洲城市的重要生活方式：行会

行会是中世纪工商业者为组织生产和维持生计而自发建立的职业组织，是中世纪欧洲城市最基本、最重要的经济社会生活方式，并通过外部权威的认可而享有一定的自治权。[2]

---

〔1〕 相关研究成果，参见 Robert R. Pearce, *A History of the Inns of Court*, Richard Bentley, 1848；Edward I. Dugdale, " Origines Juridicales or Historical Memorials of the English Law, Courts of Justice, Forms of Trial, Inns of Court and Chancery", 载 https://quod. lib. umich. edu/e/eebo/A36799. 0001. 001/1：63. 27？ rgn = div2；view = fulltext，最后访问日期：2020 年 4 月 25 日；Rev. Reginald J. Fletcher, *The Reformation and the Inns of Court*, Harrison and Sons, 1903；Phyllis Allen Richmond, "Early English Law Schools：The Inns of Court", *American Bar Association Journal*, Vol. 48, No. 3. , 1962；V. S. Bland, ed. , *A Bibliography of the Inns of Court and Chancery*, Selden Society, 1966；Wilfrid Prest, "Legal Education of the Gentry at the Inns of Court, 1560-1640", *Past & Present*, No. 38. , 1967；A. W. B. Simpson, "The Early Constitution of the Inns of Court", *The Cambridge Law Journal*, Vol. 28, No. 2. , 1970；David Lemmings, *Gentlemen and Barristers：the Inns of Court and the English Bar 1680-1730*, Clarendon Press, 1990；George Makdisi, "The Guilds of Law in Medieval Legal History：An Inquiry into the Origins of the Inns of Court", *Cleveland State Law Review*, Vol. 34, 1985；[英] 塞西尔·黑德勒姆：《律师会馆》，张芝梅译，上海三联书店 2013 年版。

〔2〕 一般认为，工商业行会是中世纪行会的最主要类型。但根据剑桥大学经济学院 Sheilagh Ogilvie 的考证，中世纪仍有一些定专司宗教活动的行会（religious guilds/confraternities），以及作为地方行政机构的政治行会（political guilds）。See Sheilagh Ogilvie, "Guilds, Efficiency, and Social Capital Evidence from German Proto-Industry", *The Economic Hirtory Review*, New Series, vol. 57, No. 2. , 2004, p. 286.

工商业行会出现于战乱频仍的中世纪初期。那时，手工业和商业劳动者为满足稳定生产、规范贸易、保障生计的现实需求，分行业自发聚合一起，组成了各种手工业行会（Craft Guild）和商人行会（Merchant Guild）。[1]在多数经济史学家眼中，手工业行会多以小额资本和商品生产为主，经济地位相对薄弱；商人行会多从事商品转运与贸易，资本实力较为雄厚。[2]但也有学者认为，手工业行会与商人行会的相同点更多于不同，至少在中世纪前期的行会经济活动中，尚未形成生产与贸易的严格分工。在多数情况下，手工业与商业只是行会经营内容的两个方面。尤其在中小城市，行会成员通常既拥有生产作坊，又组织产品销售，同时扮演手工业者和商人两重角色。不少商人行会的档案证明，行会成员的主体是各行业的手

---

〔1〕　行会的起源学说可谓众说纷纭。常见的有"乡村起源说""教会起源说""罗马起源说""商业起源说"以及"劫掠团伙起源说"等。根据"乡村起源说"，行会发端于古代社会以及中世纪日耳曼部落的村社结构，比如鲁约·布列塔诺将行会的起源归因于古代社会的家族团体，"教会起源说"认为基督教会组织在行会形成过程中起到了关键的作用，比如威尔汉姆·威尔达（Wilhelm Edward Wilda）强调宗教节日中的聚会为行会团体的产生创造了机会，哈特维格（Hartwig）注重法兰克王国修士团体的作用，See Lujo Brentano，"On the History and Development of Gilds"，*English Guilds*，ed. by Toulmin Smith，N. TrÜbner and Co. ，1870，pp. lxvii-lxxi。"城市商业起源说"出自比利时经济史学家亨利·皮雷那（Henry Pirenne），他主张行会起源于11世纪城市商业复苏之际"个人创造性的联合"，参见［比利时］亨利·皮雷纳：《中世纪的城市》，陈国樑译，商务印书馆2006年版，第76页。"劫掠团伙起源说"的代表是德国社会学家温泽尔（J. Winzer），认为行会肇始于斯堪的纳维亚的劫掠团伙，此种情形尤其适用于北欧，See George Unwin，*The Guilds and Companies of London*，Frank Cass and Company Ltd. ，1963，p. 35。更多的学者坚持"罗马起源说"并将行会的源头追溯至古罗马，如乔治·雷纳德（Georges Renard）和迈尔特·兰伯特（Malet Lambert）等，见 Georges Renard，*Guilds in the Middle Ages*，G. Bell and Sons，1919，p. 2；J. Malet Lambert，*Two Thousand Years of Gild Life*：*or an Outline of the History and Development of the Gild System from Early Times*，A. Brown & Sons，1891，pp. 20-22. 各种宏观起源学说的争论固有裨益，但行会起源的具体问题还需结合不同地域的社会情境进行分析。

〔2〕　参见金志霖：《英国行会史》，上海社会科学出版社1996年版，第29页，以及 Toulmin Smith，*English Guilds*，N. Trübner and Co. ，1870，pp. lxiii-lxiv。

工业者兼商人，纯粹意义上的商人仅占少数。[1]工商业行会成为联系、协调与管理中世纪弱小工商业者的社团组织。

在英格兰，早在盎格鲁-撒克逊时期就有行会存在。英文单词"Guild"起源于盎格鲁-撒克逊人的词汇"Geldan"和"Gildan"，意思是"付出"（to pay），强调的是成员应向自身所属的行会做出贡献。[2]诺曼征服之后，在日耳曼社群观念的影响下，同业行会通常集中于某一特定城区。例如在伦敦，杂货匠行会聚集在今天的皇后大街（Queen Street），裁缝匠行会位于砖块巷（Birchin Lane），染工行会位于堪德威克地区（Candlewick），渔夫行会位于泰晤士河畔（Thames-side）。[3]12世纪到15世纪是英格兰行会的鼎盛时期，先后有102座英格兰城市、38座爱尔兰城市和30座威尔士城市建立了行会。到15世纪中期，仅约克一城的手工业行会就达51个。[4]

行会建立后都在第一时间争取外部权威机构的认可与授权，这意味着行会自治权合法化的实现。予以授权的权威机构可能是本地的城市政府、教会、贵族领主或者国王，他们或许对自治行会的兴起不无担忧，但由此带来的税收利益使他们很难拒绝。11世纪以后英格兰王权的雄起，给行会与王权、城市之间的关系增加了复杂性。一方面，行会继续争取当地市政机关、封建领主的认可，这些市政

〔1〕 See Carlo Poni, "Norms and Disputes: The Shoemakers' Guild in Eighteenth Century Bologna", *Past and Present*, No. 123. , 1989, pp. 80-108.

〔2〕 See Toulmin Smith, *English Guilds*, N. Trübner and Co. , 1870, p. xix; Alderman Charles Haskins, *The Ancient Trade Guilds and Companies of Salisbury*, Bennett Brothers Printers, 1912, pp. 4-6; Frederick Armitage, *The Old Guilds of England*, Weare & CO. , 1918, p. 8, p. 36.

〔3〕 See Ernest Pooley, *The Guilds of the City of London*, William Collins of London, 1945, pp. 7-8.

〔4〕 See R. B. Dobson, D. M. Smith, *The Merchant Taylors of York: A History of the Craft and Company from the Fourteenth to the Twentieth Century*, Borthwick Publications, 2006, p. 14.

机关和领主可能事先已经获得了国王的恩准；另一方面，国王会因财政赋税的需要，直接授予行会以特许状。12 世纪之后，两种类型的权利授予在英格兰各行会的章程中清晰可见。其中，英王亨利一世允准成立的伦敦织工行会，含有现今所知英格兰最完备的授权性规范。[1]

　　这类授权使行会能够开展自主性、专门性的经营活动，继而一定程度上实现了专业领域之内的垄断。[2]在 12 世纪林肯（Lincoln）、沃灵福德（Wallingford）等城市的行会授权书中明文规定："非本市行会商人不得进入市场。"[3]加入行会的城内各作坊，从经营时间与场所，到生产条件、构成人员，产品数量与质量，再到产品价格、销售和原材料等诸多事项，悉数服从行会统一的标准。[4]13 世纪以后，各种门类的行会凭借授权经营着大部分城市生活用品，外来工商业者，包括本地的零售商，要想从事某种商品的生产与销售，首先要加入行会。[5]申请加入行会者必须进行入会宣誓，缴纳入会费用，才能取得会员身份。[6]如下的誓词在行会档案中频频出现：

　　"先生，您是否愿意成为本行会的成员，崇拜本行会的庇佑者，并遵从本行会的章程？"

---

　　[1]　See Ernest Pooley, *The Guilds of the City of London*, William Collins of London, 1945, p. 14.

　　[2]　参见［美］汤普逊：《中世纪经济社会史（300-1300 年）》（下册），耿淡如译，商务印书馆 2009 年版，第 520 页。

　　[3]　"Prohibeo etiam et precipio ne aliquod mercatum sit in Craumersa nec Mercator aliquis nisi sit in Gilda Mercatorum." Adolphus Ballard, *British Borough Charters 1042-1216*, Cambridge University Press, 1913, p. 210.

　　[4]　See S. R. Epstein, "Craft Guilds in the Pre-modern Economy: A Discussion", *Economic History Review*, Vol. 61, No. 1., 2008, pp. 155-156.

　　[5]　See Adolphus Ballard, *British Borough Charters 1042-1216*, Cambridge University Press, 1913, p. lii.

　　[6]　See Georges Renard, *Guilds in the Middle Ages*, Trans. by Dorothy Terry, G. Bell and Sons Ltd, p. 10.

"是的。"[1]

宣誓入会以后，行会根据每个人的专业技能和资历，赋予新成员不同的行业角色——有的直接成为师傅，有的只能从学徒或者帮工做起，待达到行会规定的技能标准方可晋升为师傅。师傅负有教授学徒专业技能的责任，其方式为传统的个人授受与指导，此外还负责照拂学徒帮工的生活。学徒必须勤奋习艺，完成师傅交办的作业和任务，并于学徒期满通过升级测试。帮工是业已完成升级测试但尚未独立开业的高级学徒。若以学徒身份入会，需要缴纳一定数额的拜师费用，通常为数先令，但行会成员的子嗣亲眷可以减免。[2]为保证技能训练的顺利完成，在专业培训开始之前，有时首先送学徒到教会兴办的初等教育学校（school above primary level）接受二年左右的基本算学或文法教育。为此，有的行会延长学徒的法定期限，将基础教育阶段涵纳其中。在伦敦马具匠行会 1269 年的章程中，学徒培训期限规定为 10 年，培训内容相当细化，包括了基础的文法计算课程。[3]当然，这属于特例。一般而言，学徒期限至少 7年。例如 1345 年伦敦马刺业行会章程第四条规定，本行业任何会员所招收之学徒，学习期间俱不得少于 7 年[4]。为了保证培训质量，由学徒到帮工的晋升，要经过严格的"出徒测试"（show ability

---

[1] "Ordinances of the Gild of St. Katherine, Stamford", in Toulmin Smith ed. , *English Guilds*, N. Trübner and Co. , 1870, p. 189. "Sir, or Syre, be ye willyng to be among us in this Gilde, and will desire and axe it in the worshippe off Allmyghty god, in whoos name this Gilde is ffounded, and in the wey of Charyte?" "Ye. "

[2] See Frederick Armitage, *The Old Guilds of England*, Weare & CO. , 1918, p. 93；《林吉斯圣三一商人行会规章》，转引自金志霖：《英国行会史》，上海社会科学出版社1996 年版，第 62 页。林吉斯商会的章程规定，"若任何兄弟之子或诸子志愿加入本行会，每人应纳入会费 4 先令，其余各项费用免缴。"

[3] See *York Memorandum Book*, Part II. （1388-1493），Surtees Society, 1915, p. lv.

[4] 参见《伦敦马刺业行会章程（1345 年）》，转引自金志霖《英国行会史》，上海社会科学出版社 1996 年版，第 99 页。

before graduation）。测试内容通常是制作某件技能含量较高的行会产品，且必须在多名行会师傅的亲眼目睹下独自完成。通过测试的学徒即可升级为帮工。帮工可以自师傅处领取一定薪水，他已经具有自行开张经营的业务能力，尽管碍于经费不足继续留在师傅身边担任助手。[1]就整个过程来看，学徒的最佳起步年龄是 13-14 岁，而正式出徒、成为帮工的年龄一般已经 20 岁有余。这表明，行会学徒的培训是依靠长时期的技能训练和经验积累方可完成。

　　行会设有专门机构以管理内部事务和维持经营秩序。中世纪行会的管理机构一般包括全员集会（assembly）、行会会长（aldermen/warden/gubernator）、理事会（court of assistants/ committee）和辅助性的秘书员、信使、出纳员等。[2]会长为备行会的常设机构，理事会的组成各行会有别，通常包括会长助理、法官或听证官（notary/judex/ judges）、主管（deans）等。全员集会于每年的固定时间和地点召开，行会成员都必须参加，会议内容通常涉及行会章程的修改、主要行会管理者的选举等重大事项，是为行会民主决策的主要方式。[3]会长是凭借品行、技能和威望赢得选举的行会成员，理事会是全员集会休会期间的常设委员会，可以与会长组成联席会议商决常规事宜，二者彼此协作又相互监督。[4]在日常生活中，二者定期巡视会员的作坊，对生产方法、产品质量、营销方式以及会员的职业道德等进行监督检查。根据英格兰赫尔手套行会的章程规定，

────────

[1]　根据 Georges Renard 的考证，这类薪水的形式可以是货币，但食品、酒水、衣物、鞋、蜡烛等生活用品作为薪水的情况也很常见。See Georges Renard, *Guilds in the Middler Ages*, G. Bell and Sons, 1919, p. 11.

[2]　See Ernest Pooley, *The Guilds of the City of London*, William Collins of London p. 9.

[3]　See "Ordinances of Guild of the Joiners and Carpenters, Worcester", in Toulmin Smith ed. , *English Guilds*, N. Trübner and Co. , 1870, p. 208.

[4]　《林吉斯圣三一商人行会规章》，转引自金志霖，《英国行会史》，上海社会科学出版社 1996 年版，第 63 页，章程第 15 款规定，"任何不顾本行会之荣誉与利益而拒绝遵守会长与理事训诫之人，应罚处 12 先令"。

如果行会成员盗窃钱物价值超过 7 便士，经会长训诫后仍不思悔改，理事会可以将其永远逐出行会。此外，会长和理事会还负责平息成员之间的纠纷，或者将难以解决的棘手问题移送至城市、领主甚至国王的法庭。[1]

互助共济是行会日常运作的重要组成部分，所需资金主要来自成员的捐献。行会内部虽然始终分为师傅、帮工、学徒等不同身份，贫富差别巨大，但他们首先是职业生涯中的同行与协作者，彼此往往以兄弟相待，实际上共同组成了一个利益共同体。所以，济危扶困、相互帮助自始就是行会成员不容推辞的义务。行会章程通常都明确要求会员必须积极参加济贫捐助活动，并规定了募捐资金的明确用项，这包括贷款给生意上的失败者和品行良好的年轻行会人，照拂衰老的手艺人、工匠遗孀以及孤儿，为贫困行会成员的婚丧嫁娶提供赞助金，支持行会的宗教活动、捐赠医院等等。比如，约克木工行会的章程规定："如果任何行会成员因为身体疾病（如眼疾）无法工作，其他成员必须每周进行资助。"[2]南安普顿商人行会章程第 7 条明确规定，当某个成员去世时，所有在会成员皆应出席为死者举办的祝祷，具体包括死者遗体的守护，守灵的弥撒和祈福，直到遗体下葬。出嫁或者成为修女的少女甚至还能得到行会筹备的嫁妆或者善款。[3]可以说，在几无社会保障可言的中世纪，这种救济与慈善活动增强了行会的内聚力，也赋予参加者以心理归属感和人身依附性。

[1] See "Ordinances of the Carpenter's Gild, Norwich", in Toulmin Smith ed., *English Guilds*, N. Trübner and Co., 1870, p. 37.

[2] R. B. Dobson and D. M. Smith, *The Merchant Taylors of York: A History of the Craft and Company from the Fourteenth to the Twentieth Century*, York Borthwick Publications, 2006, p. 12.

[3] See "Ordinances of the Gild of the Palmers, Ludlow", in Toulmin Smith ed., *English Guilds*, N. Trübner and Co., 1870, p. 194.

二、行会的变体：英格兰法律会馆

13 世纪以后，作为欧洲城市重要社会经济生活方式的行会进入鼎盛时期。此时，刚刚诞生的英格兰法律职业者为了促进自身发展、维护本行业利益，便自发地效仿和移植行会的组织形式，建立起了法律会馆。可以说，英格兰法律会馆就是工商业行会在法律职业界的变体，其基本结构和组织功能都极为相似。它们都有权独立经营业务和自我管理，都有明确详尽的章程和管理机构，都有自己的会员培养程序及业务水准认定机制等，并对普通法教育形成了长时间的垄断——有学者在谈及二者的共性时指出，"如同屠夫或者裁缝在证明自己能力并得到同行认证之前不能开张一样，法律行会的师傅也垄断了学徒从事律师事务的权利"〔1〕。因此，法律会馆自称为"法律的行会"（Guild of Law），并被社会各界公认为是法律工作者的职业性组织。〔2〕

人们不禁要问：法律会馆缘何能够移植工商业行会的结构功能要素呢？答案主要在于英格兰普通法特有的"技艺性"特征。众所周知，英格兰普通法起源于盎格鲁-撒克逊古代习惯和诺曼征服之后的封建习惯，大致成形于 12-13 世纪。源于习惯并以判例（非法典化）为存在形式的普通法内容庞杂凌乱，体系性较弱而实践性较强，其运作过程特别强调具体问题具体分析。从这个意义上说，普通法是一门需要结合具体情境灵活运用的法律"技艺"，而不是一套可以直接引用的明白无误的成文条款。作为一种"技艺"理性，明显不同于普通人与生俱来的自然理性或者逻辑理性，它不可能单凭课堂讲授与闭门读书而获得，必须通过长期不断的实践训练和经

---

〔1〕　[英] 塞西尔·黑德勒姆：《律师会馆》，张芝梅译，上海三联书店 2013 年版，第 13 页。

〔2〕　See Lee G. Holmes, "A Visit to the Inns of Court", *American Bar Association Journal*, Vol. 55, No. 1., 1969, p. 51.

验积累才能真正理解、掌握和准确适用。一如早期王座法院法官格兰维尔所言，普通法的习得"如同一项技能的训练，是依靠长时期的专业学习、实践训练和经验积累而获得的特殊理性"，"对于未经专门法律培养的人们来说，此种技艺的语言太难懂了"。[1]所以，17世纪的大法官柯克敢于犯颜劝阻詹姆士一世亲临法院听讼断狱，并理直气壮地申明了自己的理由：倘若没有经过这种技艺的专门训练，即使贵为国王，也不具备从事法律职业的资格和能力。[2]总之，学习并掌握普通法的过程，与手工业行会产品生产的技能训练过程是十分相似的。于是，行会便成为中世纪英格兰法律教育方式的当然选择。

这里需要说明的是，为什么与普通法大致同时兴起的大学在中世纪的英格兰一直置身于普通法教育之外，而在欧陆各国却恰恰相反：大学产生伊始便成为法律教育的唯一载体——最早建立的意大利波伦亚大学就是从法律教育开始起步的。导致这一差别的原因同样在于英国普通法和欧洲大陆法与生俱来的不同特点。欧陆各国的法律是在罗马法的基础上发展起来的，特别强调理论建构和逻辑严密，讲究概念清晰和体系完备，即韦伯所说的"形式理性"；另一方面，大学天生就是知识荟萃之地和学术研究中心，加之中世纪的欧洲大学又流行崇尚抽象思辨的经院哲学，这与大陆法的精神品格具有内在的契合性，所以，大学顺理成章地成为这些国家法律教育的主体。而在英国，由于普通法的不成文形式和"技艺理性"

----

〔1〕 ［美］本杰明·卡多佐：《司法过程的性质》，苏力译，商务印书馆2010年版，第1页；格兰维尔法官对普通法初期的探索与总结，参见 ［英］拉努尔夫·德·格兰维尔：《论英格兰王国的法律和习惯》，吴训祥译，中国政法大学出版社2015年版。

〔2〕 Steve Sheppard, *The Selected Writings and Speches of Sir Edward Coke*, *Vol. II*, Liberty Fund, 2003, p. 710. 参见李栋：《英国普通法的"技艺理性"》，载《环球法律评论》2009年第2期。

特点，特别注重实用技能的学习与培训，所以，注重理论与学术研究的大学难以满足普通法教育的需求。职之是故，尽管早在 11 世纪，《优士丁尼国法大全》文本的发现和研究推动了牛津、剑桥大学的法律教育与研究，但它们长期局限于罗马法和教会法的领域内，主要研习文本是《优士丁尼国法大全》（Corpus Juris Civilis of Justinian）和《教会法大全》（Corpus Juris Canonici），并未给予休系凌乱内容繁杂的普通法以足够的关注。[1]直到 18 世纪中叶，在布莱克斯通等法学精英的努力下，英国的普通法教育才开始走进大学校门。

此外，还需要说明的一个问题是，在中世纪早期的英国，教士是唯一受过教育、能读会写的社会阶层，文化的传承、知识的生产均垄断于教士阶层，包括司法诉讼事务也一度为教士所控制。在普通法形成的初期，国王法院的法官和法庭辩护人几乎全部出身高级教士，所以那时英国流行"教士辩护人"（cleri causidici）[2]和"无神职，无诉讼"（Nullus clericus nisi causidicus）[3]等等说法。就此而言，由教会和教士阶层来承担英国法律教育的责任似乎是情理之中的事。然而，历史的实际并非如此。这是因为，那时出任法官或法庭辩护人的教士都是精通教会法和罗马法的专家，但对脱胎于英格兰本土法律习惯的普通法却关注不够知之甚少。所以，当王座法庭（King's Bench）、皇家民诉法庭（Common Pleas）、财政法庭（Exchequer）三大中央法院和巡回法院建立后，伴随着诉讼量的日

〔1〕 See Lord Upjohn, "Evolution of the English Legal System", *American Bar Association Journal*, Vol. 51, No. 10. , 1965, pp. 918-919.

〔2〕 C. E. A. Bedwell, *A Brief History of the Middle Temple*, Butterworth &Company, 1909, p. 4.

〔3〕 Frances Anne Keay, "Student Days at the Inns of Court", *University of Pennsylvania Law Review and American Law Register*, Vol. 75, No. 1. , 1926, p. 52; Cecil Headlam, *The Inns of Court*, Adam and Charles Black, 1909, p. 4.

渐增多和诉讼程序日趋专业化、复杂化的发展，教士阶层越来越难以适应普通法的司法需要，于是陆续退出了普通法的诉讼舞台。与此同时，熟知普通法的世俗法官和职业律师应运而生，并逐步主导了司法实务。[1]为满足社会对专业法律人才不断增长的需求，中央法院在开庭审案时有意识地吸引旁听者，致使"法院每天都像是学校"[2]。而有志从事法律事务的人们便自发聚集于中央法院附近的小客栈（Hostel）或者小旅馆（Inn），同吃同住，通过观摩法院的庭审过程和邀请知名法官与资深律师讲解案例研习法律，并获得了一个统一名称——"法律学徒"（apprenticiis de legem），[3]他们的聚居之地遂被称为"法律会馆"。于是，一种独一无二的行会式法律教育制度出现在英伦大地。

关于法律会馆出现的最早记载，是1344年克利福德女士将自己毗邻中央法院的一处房产赠给当时的法律学徒使用，是为克利福德会馆（Clifford Inn）的起源。同时期产生的萨维会馆（Thavie Inn）原是1348年去世的富有市民萨维的遗产，承租人则是资深的法务人员和追随他们的学徒，每人每年缴纳十英镑的租金。[4]亨利四世时期，四座规模较大的法律会馆脱颖而出，成为公认的英国法律教育的主体。它们分别是始于1350年的林肯会馆（The Lincoln's Inn），兴于1370年的格雷会馆（The Gray's Temple），立于1360年的圣殿

---

〔1〕 P. Brand, *The Origin of the English Legal Profession*, Wiley-Black Well, 1992, p. 65. 转引自程汉大、李培锋：《英国司法制度史》，清华大学出版社2007年版，第181页。

〔2〕 [英]约翰·哈德森：《英国普通法的形成——从诺曼征服到大宪章时期英格兰的法律与社会》，刘四新译，商务印书馆2006年版，第167页。

〔3〕 Phyllis Allen Richmond, "Early English Law Schools: The Inns of Court", *American Bar Association Journal*, Vol. 48, No. 3. , 1962, p. 254.

〔4〕 See Edward I. Dugdale, *Origines Juridicales or Historical Memorials of the English Law*, *Courts of Justice*, *Forms of Trial*, *Inns of Court and Chancery*, F. and T. Warren, 1666, pp. 141–142.

会馆（the Temple），此馆 15 世纪以后又分成内殿会馆（The Innner Temple）和中殿会馆（The Middle Temple）。初期，四大会馆在馆法律师生各有二百余人，其余的法律小客栈退化为预备会馆，每所规模约一百人左右。预备会馆是附属于四大法律会馆的预科学校。因它们早期曾获得大法官的资助，因而又名"大法官会馆"（Inns of Chancery），但业务上分属四大法律会馆。它们分别是：附属于内殿会馆的克利福德会馆（Clifford's inn）、克莱门特会馆（Clement's inn）和里昂会馆（Lyon's inn），附属于中殿会馆的新会馆（New inn）和斯特兰德会馆（Strand's inn）；附属于林肯会馆的弗尼瓦尔会馆（Furnival's inn）和萨维会馆（Thavies' Inn），附属于格雷会馆的斯台普尔会馆（Staple Inn）和伯纳德会馆（Barnard's Inn）。上述会馆形成了行业性的"伙伴关系"（fellows, socii），近在咫尺的三大中央法院为其提供了长期、稳定的消费者群体。

法律会馆出现不久，英王亨利三世就颁布授权令状予以认可和保护，有着"英国优士丁尼"之称的爱德华一世对法律会馆也一直予以支持，这使会馆教育具有了类似于中世纪工商业行会的垄断性。[1] 尤其爱德华一世认为法律会馆对大量的新颁布法律有着很好的理解，指令皇家民诉法庭法官帮助法律会馆完善法律人才培训计划，并要求"从各郡那些有最好的知识和技能的法律事务代理人（Attorney）和法律人（lawyer）中任命法官，以使他们很好地为法庭和民众服务"[2]。在亨利三世统治晚期的 1272 年，中央法院已经正式从优秀法律人团体中选任法官和出庭律师了。

法律会馆设有一定的入会门槛，但无年龄限制，其会员既有乳臭未干懵懂无知的法律学徒，也有知识渊博经验丰富的法律行家。

---

〔1〕 See Robert R. Pearce, *A History of the Inns of Court*, F. B. Rothman, 1987, p. 19.

〔2〕 Phyllis Allen Richmond, "Early English Law Schools: The Inns of Court", *American Bar Association Journal*, Vol. 48, No. 3., 1962, p. 254.

学徒入会包括三种主要途径：一是在预备会馆毕业以后加入，二是大学毕业以后加入，三是在两名优秀会员的推荐下直接申请加入。[1]无论哪一种途径都要求一定的入会费用，新学徒一般需交纳 3 磅 6 先令 8 便士，预备会馆的毕业生则只要缴纳 20 先令即可入会。[2]预备会馆教授初级的法律知识，兼有中世纪文法学校的功能，学习内容为基本诉讼程序和令状等法律文件的读写，也参照法律会馆设有初等的讨论课程。[3]学徒们在此学习两年后，便可以进入四大法律会馆继续深造。

宣誓是加入法律会馆的必经程序，通过该程序，会员与会馆之间的权利义务关系正式确立起来。[4]林肯会馆的入会誓词内容如下：

"你宣誓：你将遵守、协助且联合会馆选出的主管们，在其任职时间内，无论何时何地，服从行会主管们的管理……"[5]

宣誓之后，法律会馆根据业务技能的高低将入会人员区分为师傅和学徒两个基本层次。在模拟审判教学环节，会馆将仿照王座法院的真实场景布置模拟法庭（Moots），包括位于审判席上供法律师

---

〔1〕 See Samuel Warren, *A Popular and Practical Introduction Law Studies and to Every Department of the Legal Civil Criminal and Ecclesiastical*, 2d ed. enl. 932, 1845, p. 935.

〔2〕 See Phyllis Allen Richmond, "Early English Law Schools: The Inns of Court", *American Bar Association Journal*, Vol. 48, No. 3. , 1962, p. 255.

〔3〕 See George Goldsmith, "The English of Court Comprising an Historical Outline of Court", 3rd ed. 13, 1849, p. 24.

〔4〕 各会馆宣誓仪式的主要场所是在各自所有的礼拜堂内部。资料显示，四大律师会馆各有会馆私用的基督礼拜堂，地址位于各会馆附近。参见 Rev. Reginald J. Fletcher, *The Reformation and the Inns of Court*, Palala Press, 2018, p. 5.

〔5〕 A. W. B. Simpson, "The Early Constitution of the Inns of Court", *The Cambridge Law Journal*, Vol. 28, No. 2. , 1970, pp. 245-246. "林肯会馆入会誓词"的拉丁文全称为 "sacramentum sociorum de Lyncollysyn"，此处涉及的内容原文为："Tu iurabis quod sis obediens, assistens et consortens gubernatoribus euisdem hospicii elegendis et pro tempore ibidem existensibus, in omnibus gubernacione eiusdem concerncentibus et concernendis…" "Tu iurabis quod pro vicibus tuis videas et facias observari bonum regimen honorem et proficium eiusdem societatis…"

傅就座的"长凳"（Bench），将初级学徒和高级学徒区分开来的一条叫作"围栏"（Bar）的横木等。根据模拟法庭中的席位，师傅被称为"坐凳人"（Ad Bancam，Bencher），扮演法官角色；高级学徒坐于围栏之外，故得名"栏外人"（Extra Barram）；初级学徒坐于围栏之内，被称为"栏内人"（Inn-Bar）。根据林肯会馆"黑皮书"（Black Book）的记载，"坐凳人"是法律界的前辈，多是职业法官或资深辩护律师，负有培训学徒的教育责任，同时掌握行会管理的权力。"栏外人"又名外席律师（Outer Barristers），他们是优秀的"法律帮工"（Servientes Ad Legem），已然在会馆获得了一定的声望，有能力独立承揽业务，其地位仅次于"师傅"。经过一定的考验期之后，外席律师被"叫至长凳"（Call to the Bench），遂成为"坐凳师傅"，直接参加模拟案件的审判和案件难点的法理评析。"栏内人"又名内席律师（Inner Barristers），他们是初级法律学徒，围栏四面分隔出的专门区域类似于儿童用的童床（The crib），所以学徒在法庭上又被人们称作"童床中人"。入会6至8年的内席律师经过考验即被"叫至围栏"（Call to the Bar），此后进入"栏外人"行列，即晋升为外席律师。这些称谓仅在会馆内部使用，但从1441年起，获得外席律师资格的学徒被称为"出庭律师"（Barrister），亦即后面流行开来的"巴律师"了。

如同工商业行会一样，法律会馆设有专门机构管理内部事务。会馆的师傅们每年定期举行"全员集会"，主要议程是选举成立管理机构——主管人团体（Gubernatores）。该团体规模约7人，在内殿和中殿会馆叫作"委员会"（Parliament），在林肯会馆叫做"议事会"（Council），在格雷会馆叫作"理事会"（Pension），于每年常规选举之后宣誓就任。15世纪时期，会馆师傅们于每年万圣节前后（约为每年11月上旬）选举产生一名会长（Gubernator）。会长不享有独断权力，遇有重大事宜须与主管们一起协商作出决定，后者的影响力形同行会中的 "智囊团体"（Sage Company）。此外，重大决策还需要获得坐凳师傅们的支持（Ordained by the governors of the Inn for the time being and other the worships of the bench...）。1494年林肯会馆对此有着明确的记录："国王代理人、会长以及现任坐凳尊者共计 14 人齐聚会馆礼拜堂增补规则，实现林肯会馆的利益和效率，使之得以永续。"〔1〕1502 年和 1551 年，中殿会馆还有主管因缺席会议而遭到罚款的记录。会馆设有诵讲官（Reader），负责招录学徒和组织学习。每位诵讲官配有两名外席律师作助理，每年对申请入会者进行筛选。诵讲官本身也来自坐凳师傅或者至少是资深外席律师，任职期间的地位略高于坐凳师傅。外席律师一般不能出任诵讲官，除非他已经在会馆中待满十五年。这意味着他必须以初级学徒的身份待满七年并获得晋升，再以外席律师的身份待满八年。诵讲官任期一般为一年，声望高的诵讲官可连任多年。如果某人被会馆选任为诵讲官却拒绝就任，将被处以罚款并失去坐凳师傅的资格。〔2〕

　　会馆的各项制度均得到成员的共同认可（Common Concent），并在会馆实际需求的基础上不断补充完善。15 世纪以后的资料表明，会馆内部的规章制度一般经由会长和他的同僚们予以讨论并通过，还需要获得会员的整体同意，颁布之后的制度文本通常附有宣誓遵守的内容。1428 年，林肯会馆通过了一则规制公共事务、强调行会共同体关系的法令，名之曰 "行会法令"（ordinatum est per societatem）。1439 年，林肯会馆就缴费的问题对前述法令进行增补，条款叙述的固定格式为："法令规定（Ordinatum facet）……" 1447

〔1〕　A. W. B. Simpson, "The Early Constitution of the Inns of Court", *The Cambridge Law Journal*, Vol. 28, No. 2. , 1970, p. 248.

〔2〕　See Edward I. Dugdale, *Origines Juridicales or Historical Memorials of the English Law*, *Courts of Justice*, *Forms of Trial*, *Inns of Court and Chancery*, F. and T. Warren, 1666, p. 161.

年，林肯会馆又补充强调了会馆管理人员的责任，细化了管理规则，同时列举了违反法令的种种不端行为，增强了管理规则的可操作性。[1]

法律会馆日常的运行需要大量辅助人员，比如起草文案、管理档案的秘书官，仓库保管员、礼拜堂管理员、书籍管理员以及重要节日专属的典仪官、总管，还有园丁、厨师、浣洗员等。会馆财务官（treasurer）受理事会的委托，负责会馆经费的日常收支，如收缴住宿费、罚款和学费，支付会馆租金和修缮费用以及辅助办公人员的薪水等，并可根据财务状况建议新会员的招收数额。会馆财务官每年改选一次，前任财务官必须完成账簿核对才可卸任。[2]

三、并非复制：法律会馆的新面向

当然，法律会馆也不是对工商业行会的全盘复制，因为法律会馆首先是一个法律教育机构，而法律又与国家的政治稳定乃至核心价值观紧密相关，由此决定了它与生产经营型的工商业行会之间又存在明显差别。

工商业行会本质上是一种生产企业的自治管理组织，教育功能位居其次。学徒从入门起步到登堂入室再到独立开业，全部都在行会下属作坊内的劳动过程中予以实现，在大多数情况下，学徒的教育培训本身亦即行会产品的生产过程和利润的创造过程，故而高级学徒可以领取"补贴"甚至"薪水"。相比之下，法律会馆本质上是一种非生产性的职业教育机构，它教授的法律知识和技能无法像工商业产品那样迅速投入市场转化为经济收益，必须等待学徒完成学业、离开会馆并开张执业时才能产生经济效益（法律服务费），

　　[1]　"Records of the Honorable Society of Lincoln's Inn", in J. Douglas Walker ed., *The Black Books*, *Vol. 1*, Lincoln's Inn, 1897, p. 9.

　　[2]　See Phyllis Allen Richmond, "Early English Law Schools: The Inns of Court", *American Bar Association Journal*, Vol. 48, No. 3., 1962, p. 256.

而且此时的收益也全部进入从业律师或法官的个人腰包，这使得会馆的日常开支只能依赖学徒缴纳的高额学费。因此，只有家道殷实的社会中上阶层子弟，如贵族、富裕乡绅、领主管家以及大商人的后代，才有条件进入会馆学习，这给法律会馆涂上一层"贵族学校"的色彩。[1]正因如此，英国人经常把法律会馆与牛津、剑桥大学相提并论，称其为"第三大学"。

更为重要的差别还在于，法律会馆在传授法律知识与法务技艺的同时，必然把法律意识、正义精神等价值观念与行为方式的培养奉为根本目标，这与工商业行会以功利为首要目的的价值取向是截然不同的。在欧洲，自古典时代，法律就被定义为"善良公正之术"乃至公平正义的最后防线，被视为国家政治和社会秩序的立基之本。作为职业自治共同体与教育组织的法律会馆，始终把培育正确区分是非善恶的正义观、恪守法律规范的卫道精神、注重事实依据和逻辑推理的法律思维以及正确适用法律化解纷争的实务工作能力奉为天职，故而建立伊始就与国家政治生活的稳定与社会秩序的维系紧密联系在一起，并因此而受到国王政府与社会各界的广泛支持与尊崇。事实上，预备会馆的毕业生大多直接进入国王政府，任职王室秘书官或者公证官，负责准备令状、起草合同等常规性行政文书工作。进入四大会馆之后，只要能顺利升任外席律师即可获得辩护律师资格，独立开业，参与司法审判。会馆师傅大都在法律实务界担任重要工作，资深会馆师傅还被国王任命为御用大律师（serjeant）或者中央法院的法官，他们是英格兰法律界的精英，享有"法律贵族"的尊荣。可见，法律会馆不仅仅是英格兰法律教育和法学研究的大本营，而且也是英格兰法律制度中的一个重要机制和柱石。

职之是故，会馆的学制安排与威斯敏斯特三大中央法院的开庭

---

[1] See Frances Anne Keay, "Student Days at the Inns of Court", *University of Pennsylvania Law Review and American Law Register*, Vol. 75, No. 1., 1926, p. 53.

期（Law Terms）基本保持一致。中世纪英格兰中央法院的司法活动每年分为四个开庭期，只有在开庭期间，高水准的法官和律师才会齐集威斯敏斯特（Westminster）。[1]据约翰·贝克的考证，开庭期的设置始于12世纪，那时的英格兰中央财务署在复活节（Easter）和米迦勒节（Michaelmas）假期来临之前，召开专门的结算会议，以宗教节日为节点的开庭期制度由此萌芽。到1190年王座法庭建立时，法院开庭期制度也初步确立。那时，英格兰有三大宗教假期，它们分别是：1. 圣诞节（Christmas，含主显节 Epiphany），假期从12月上旬持续至1月上旬的圣希勒里节后，这也是中世纪英格兰的"冬假"；2. 大斋节与复活节（Lent/Easter），假期从2月初"圣灰星期三"（Ash Wednesday，大斋节首日假）直至4月上旬复活节后一周；3. 圣三一节（Trinity，含圣灵节 Whitsun 和圣体节 Corpus Christi），假期从复活节后第50日开始，一周后结束。此外，英格兰中央法院习惯上在暑假期间闭庭休息，时间从7月到10月初的圣米迦勒节。于是，中央法院每年的司法审判活动便集中在以四个假期为间隔的四个开庭期中，即：圣希勒里开庭期（Hilary，1月下旬至2月上旬），复活节开庭期（4月中旬至5月上旬），圣三一开庭期（5月下旬至6月下旬），圣米迦勒开庭期（Michaelmas，10月初至11月底）。

基于法院开庭期与假期的安排，法律会馆创立了"学术学期"（Learning Terms）和"学术假期"（Learning Vocations）制度，以方便延请实务界的专家从事教学，同时保障坐凳师傅和外席律师们及时参与实务工作。"学术学期"与法院开庭期完全一致，属正式学习时段，"学术假期"是将不同的学期间隔开来的休假时段。在学术学期，法律学徒从各地聚集于会馆寄宿学习，严格考勤。在学术假期时段，部分时间全馆放假，用于休整，其他时间供初级学徒留

---

［1］ 依据宗教节日划分节假日与工作日的传统至今仍然适用于英国，尤其英国教育行业的假期更是保持了较大的一致性。

宿学习。

充足的学习时间是法律技能训练的保障。根据惯例，从学徒到外席律师的晋升平均耗时 8 年之久。期间，学徒必须保持良好的出勤和学业记录，才能被"授予律师资格"（Call to the Bar，又称为"叫至围栏"）。直到 1596 年，会馆学徒获得晋升的年限为 7 年以上，这与中世纪工商业行会的学徒训练期限是一致的。1617 年，内殿法律会馆颁布规定："任何人在会馆的时间不满 8 年，不得授予律师资格"，只有如期参加会馆模拟审判和案件讨论、学习勤勉且准备充分的学徒，才能被授予律师资格。[1]内殿会馆还附加了一道禁令："任何人若想仅凭某位显贵人士的推荐信争取晋升资格，将永远丧失在本会馆获得资格的可能性"，目的旨在防止外部势力对会馆教育的干预。

法律会馆的教学活动特别强调和重视法律适用与法庭诉讼能力的培养，具有显著的实务导向性，这一点与工商业行会极为相似。在法律学徒出馆开业之前，虽然没有资格承办具体案件，无法进入真实的诉讼程序，但通过旁听庭审、诵讲学习、模拟法庭、案例讨论、会餐制度等多种方式，可以获得法律实务工作能力的系统训练，所以英格兰的法律职业者，包括法官和律师，都具有较强的实践能力。不过，法律会馆与工商行会的技能传授方式存在明显不同。行会是通过师傅带徒弟的"一对一"的言传身教模式在生产过程中完成的，具有分散性、个体性和不规则性的特点，而法律会馆的教育活动是以班级为单位集体进行的，具有统一的教学规则，在这一点上，会馆又具备了现代学校教育的大规模、集体性特点。

在法律会馆的各种教学方式中，最具实践性的当属旁听庭审。学徒们在馆学习期间，经常前往威斯敏斯特中央法院旁听诉讼审判，

---

[1] See Cecil Headlam, *The Inns of Court*, Adam and Charles Black, 1909, p. 18.

这种方式直观具体且富有成效。初创时期的会馆没有任何教材和辅导材料，学徒们便将旁听庭审的笔记，按年份编辑成册，组成系列化的年鉴（The Year Book），作为学习资料。年鉴里面记载了典型的案例及其辩词与判词，也包括了学徒们的诠释与论证等研修心得。这里应当说明的是，年鉴所运用的语言混杂不一——英格兰中央法院的法官说的是法语，但又不是正宗的法语，而像是一种方言式法语，其中还穿插了许多拉丁语词汇，而旁听的法律学徒都是英国人，日常交流所言所写用的也是英语。于是，年鉴成为多种语言的大杂烩：主要内容是用法语和拉丁语做的庭审记录，不少地方再用英语进行补充解释。所以，这种学习资料整理和使用难度都很大。但旁听庭审并做记录毕竟是法律会馆至关重要的学习方式之一，这种方式一直持续到18世纪。此后，在布莱克斯通、边沁等学者的努力下，执业律师开始进入大学讲解普通法并确定了普通法教学资料，继而建立了普通法的考试和学位制度。[1]不过，这些都是非常晚近的事情了。

　　第二种教学方式是诵讲，亦即朗诵和讲解。诵讲既包括制定法的学习，又包含法律应用技能的训练，每周用于诵讲的时间至少三日。[2]前已述及，带班诵讲官来自会馆资深的师傅，他们负有讲解诵读内容、帮助学生理解记忆的责任。中世纪英格兰法以各地不同的习惯为内容，体量之大使常规诵讲需要耗时数个学期。[3]资料显示，律师会馆诵讲的内容主要是适用中的英格兰法令和重要实务技巧，这包括但不限于："森林法案集成"（Treheme on the Forest Law），"用益法案集成"（Bacon on the Statute of Uses），以及"英格兰反虐待法案"（Jardine on the use of torture in England）等重要法律文本。

―――――――

〔1〕　参见李红海：《英国普通法导论》，北京大学出版社2018年版，第183页。

〔2〕　See Ian D. Aikenhead，"Students of the Common Law 1590-1615: Lives and Ideas at the Inns of Court"，*The University of Toronto Law Journal*，Vol. 27，No. 3. ，1977，p. 249.

〔3〕　See J. H. Baker，*Readers and Readings in the Inns of Court and Chancery*，Selden Society，2001，pp. 189-190.

由于中世纪书籍复制成本昂贵，学徒们主要靠手抄完成阅读材料的积累并及时进行温习。在诵讲日，学徒们从早上八点便开始在会馆大厅中温习朗读，继而聆听诵讲官的领读并写出诵讲笔记，至傍晚时分，结束了法院审判工作的高级法官和御用律师则莅临会馆，对学徒们进行答疑和辅导。[1]内殿会馆的重要诵讲官托马斯·利特尔顿（Thomas Littleton）曾经负责领读爱德华一世颁布的"附条件赠与法令"（the statute of de donis conditionalibus），这为其后来出版的英国土地法巨著《论保有》奠定了基础。[2]

第三种方式是模拟法庭。各法律会馆都设有模拟法庭课，由会馆师傅和学徒分别扮演法官、律师等不同法庭角色，共同参与完成。这种方式通过案情分析、文书准备、正式开庭、法庭辩论等步骤，完整模拟案件审判的全过程。其场景通常是，由资格较老的外席律师或"坐凳师傅"扮演"法官"角色，行使审判权；由两位学徒分别扮演"原告律师"和"被告律师"，行使辩护权。先是"原告律师"以法律法语（law French）进行陈述，继而"被告律师"代表"被告"进行应答辩护，最后"审判席"上的"法官"们给出判决意见。没有参与扮演的学徒们则于旁听席上进行记录，但在诉答辩论阶段也可以随时发表意见参与讨论。如果中央法院法官或者御用律师等法律权威有时间亲临现场，可以随机进行点评，或释疑解惑，或纠正错误。"庭审"结束后，会馆还参照法院审判的流程，制作法庭报告，梳理法律难点，总结经验教训，以提升课程效益。模拟法庭使学徒们能够提前以法官或律师的身份，体验诉讼审判过程，

〔1〕 See W. S. Holdsworth, *A History of English Law*, Vol. VI, Methuen & Co., 1937, p. 481.

〔2〕 See Phyllis Allen Richmond, "Early English Law Schools: The Inns of Court", *American Bar Association Journal*, Vol. 48, No. 3., 1962, p. 258; Samuel Ireland, *Picturesque Views with an Historical Account of the Inns of Court in London Westminster*, C. Clarke, 1800, p. 21.

如同亲临法庭现场一样，真刀实枪地进行案情分析和法庭辩论。毋庸置疑，这种理论与实践紧密结合的教学方式有利于迅速提高学徒们的法律实务工作能力。[1]

第四种方式是案例讨论。这种方式通常伴随诵讲与模拟法庭同步进行，或者单设会餐讨论案例。一般情况下，伴随诵讲和模拟法庭的案例讨论可能持续数小时以上，尤其在诵讲环节，诵讲官、坐凳师傅或者外席律师可以讲解内席学徒提出的问题，师徒当场就合法性或违法性问题进行分析论证。[2]此外，律师会馆十分著名的"餐会"（the Commons）制度，则属于专门性的法律讨论场合。诵讲结束之后，诵讲官与坐凳师傅召集大伙一起用餐，同时讨论法律问题。届时，餐台上往往放置即将讨论的案例资料。"午餐会"开始于上午的诵讲之后，就餐成员在诵讲官的引导下边吃边谈。"晚餐会"则大致于晚上六点开始，也是会馆成员聚集在一起，在用餐过程中讨论案件。会餐制度可以对当日的学习效果进行总结，它使学徒们在轻松愉快的氛围中完成教学内容的反刍，也是会馆内部日常交流的重要方式。16世纪以后的餐会，已经不限于专业性法律问题的讨论，还包括重要政治事件、公众人物等多种话题。[3]直到今天，诸如牛津、剑桥等英国知名高等学府对会餐讨论的督学形式仍旧有所保留。

由于法律学徒普遍来自富贵家庭，所以会馆内没有工商业行会中的那种互助共济、慈善募捐活动，更没有资助婚丧嫁娶、扶贫济危的场景，取而代之的是丰富多彩的文化生活和不时举行的娱乐活动。在这里，学徒们除了学习法律外，还要学习文学、戏剧、音乐、舞蹈

〔1〕　See Wilfrid Prest, "Legal Education of the Gentry at the Inns of Court, 1560 - 1640", *Past and Present*, No. 38. , 1967, p. 30.

〔2〕　See George Goldsmith, *The English of Court Comprising an Historical Outline of Court*, 3rd ed. 13, 1849, p. 33.

〔3〕　See Lee G. Holmes, "A Visit to the Inns of Court", *American Bar Association*, Vol. 55, No. 1. , 1969, p. 55.

等各种才艺〔1〕。每逢重大节日，如万圣节、圣诞节，各会馆通常举办假面舞会、音乐会或戏剧表演。例如在内殿会馆，曾上演由该会馆两名会员撰写的 "英格兰第一部悲剧"《戈尔伯德克悲剧》，莎士比亚的戏剧《第十二夜》的首演也是在这里举行的。〔2〕由于演员和观众出身尊贵，加之演出具有一定艺术品位，连国王和王后也经常屈尊出席观看。〔3〕不过，为保持良好的学习氛围，防止滋生享乐之风，各会馆都制定了具体明确的行为守则，对学徒的言行举止实行严格的纪律管束。例如，要求学徒 "应当像绅士那样身穿长袍"，进入会馆厅堂（the Hall）和教堂必须穿长袍、戴圆帽，禁止穿马靴；除短剑之外的任何武器一律不准带进会馆厅堂，否则处以罚款；上课期间不允许交头接耳，课余时间不允许虐待管家和随侍（富裕的学徒可以自带侍从陪读），绝对禁止赌博；胡子超过 3 个星期不刮，要被课以 20 先令的罚款。到伊丽莎白统治时期，四大律师会馆普遍禁止下列行为：佩剑或者携带小圆盾、胡子超过 14 天不刮、裹腿过长、衣领过高、穿着丝质或者毛皮衣物等。如若学徒违反上述禁令，将被逐出餐会并反省改过。玛丽女王时期，会馆允许学徒穿颜色偏暗的长袍，但是仍旧禁止留长发或卷发，不能蓄须，也不能穿白色的紧身上衣和天鹅绒、绸缎外套。为了维持正常课堂秩序，会馆确立了严格的缺课罚金制度，学徒缺席 1 次模拟法庭罚款 1 便士，缺席 1 次诵讲罚款 1/4—1/2 便士。如果学徒多次故意逃课，将被处以更多的罚款直至开除。〔4〕会

---

〔1〕 See Fortescue, *De Laudibus Legum Angliae*, Chapter 49, cited from J. C. T. Rains, "Aristotle at the Inns of Court", *Blackfriars*, Vol. 18, No. 206., 1937, pp. 383–384.

〔2〕 参见 [英] 塞西尔·黑德勒姆：《律师会馆》，张芝梅译，上海三联书店2013 年版，第 76 页。

〔3〕 参见 [英] 塞西尔·黑德勒姆：《律师会馆》，张芝梅译，上海三联书店2013 年版，第 27-30 页。

〔4〕 See Ian D. Aikenhead, "Students of the Common Law 1590-1615: Lives and Ideas at the Inns of Court", *The University of Toronto Law Journal*, Vol. 27, No. 3., p. 247.

馆的管理者拥有国王授予的内部惩戒权，对于不守纪律、行为不端特别是屡教不改的学徒，管理者可以直接给予相应惩罚。[1]这些纪律规范和惩戒制度的目的在于促使学徒勤奋学习，自律自强，使之成长为全面发展的高素质法律人才。

四、结语

近代以后，中世纪遗留下来的具有垄断性的行会因不再适应社会现实需要而普遍面临解体的命运。近代工业生产和区际贸易的浪潮，导致行会在特定地域范围之内的专有权限逐渐丧失，跨地区的"产业链条"使传统行会的成员准入、特许经营活动等无法维系。[2]学徒、帮工与师傅的行内关系结构也悄然变化，日益昂贵的作坊经营成本客观上限制了普通学徒正常的晋升路径，行会师傅凭借其对设备和技术的优势地位，从领头手艺人演变为分配利润的资产者，这一历史转型意味着新型的雇佣身份关系正在酝酿形成中。[3]近代国家的司法、行政和税收体系也开始全面接管传统行会的自治权限，民族国家成功地将经济生活纳入当地行政机构和国家政府的掌控管理之下。[4]新兴的工商资产阶级无不认为，迷恋旧有的

---

〔1〕　See Lee G. Holmes, "A Visit to the Inns of Court", *American Bar Association*, Vol. 55, No. 1. , 1969, p. 54.

〔2〕　工业生产争取最大限度的资本流通，势必突破中世纪行会的地域性和专属性；方兴未艾的机械产业不再局限于某一城镇，反而是哪里供应最充足，哪里最可能拓展业务，就会义无反顾选择哪里，劳动者、商品和主顾可以来自四面八方。See Eugene F. Rice, *The Foundation of Early Modern Europe, 1460-1559*, W. W. Norton & Company, 1994, p. 56.

〔3〕　See Eugene F. Rice, *The Foundation of Early Modern Europe, 1460 - 1559*, W. W. Norton & Company, 1994, p. 56.

〔4〕　18世纪的英国确立了强势行政管理和税收的体系，推动了欧洲范围之内的"行会弱化政策"（guild-weakening policies）甚至"反行会"（anti-guild）政策；其他国家如尼德兰、丹麦和法国纷纷采纳了英格兰的模式。See Charles R. Hickson, Earl A. Thompson, "Essays in Exploration: A New Theory of Guilds and European Economic Development", *Exploration in Economic History*, Elsevier, Vol. 28, No. 2. , 1991, pp. 127-168.

自主权并与封建习惯勾连一起的行会组织，不仅无益于现代资本主义的发展，而且成为自由市场发展的一大障碍，有人甚至对中世纪时期的行会也持否定态度，认为那不过是一段"并不光彩的历史"。[1]

与此同时，以行会结构为框架基础的法律会馆也陷入重重危机，到光荣革命前已行将瓦解，原因同样由于这种封闭式、垄断性法律教育已经落后于时代。由于印刷术的进步，各种法律著作、文献资料、案例汇编和辅导用书大量涌现，使得大批有志青年无须加入法律会馆，通过自我阅读也能学习法律知识。相比之下，依然固守自身传统的法律会馆的弊端日益凸显出来，如教育过程繁琐漫长，教学模式刻板保守，成本高、见效慢等等。所以，会馆中的法律学徒对听讲座、参加模拟法庭和案例讨论会失去了兴趣，不少学徒甚至雇用替身以逃避学习义务。[2]担负教学任务的主管、出庭律师和法官累于近代社会高收益、高强度、快节奏的实务工作，不可能继续把精力和时间投入几近公益性的会馆讲座，诵讲官一职备受冷落，会馆教学质量严重滑坡。[3]会馆学徒学习兴趣的丧失、教师教学积极性的下降，加速了法律会馆师徒关系的瓦解。上述因素的恶性循环，把这一历史遗产推向了尽头。1677 年，林肯会馆作了最后一期法律讲座，其他会馆的讲座也于此前后宣告停止。[4]法律人才的培养主体转向知名学者云集、研究成果丰硕、学术氛围浓厚的大学法

---

〔1〕 参见叶林：《私法权利的转型———一个团体法视角的观察》，载《法学家》2010 年第 4 期。

〔2〕 See Wilfrid Prest, "Legal Education of the Gentry at the Inns of Court, 1560-1640", *Past & Present*, No. 38. , 1967, pp. 25-26.

〔3〕 See David Lemmings, *Gentlemen and Barristers: the Inns of Court and the English Bar, 1680-1730*, Clarendon Press, 1990, pp. 289-290.

〔4〕 参见程汉大、李培锋：《英国司法制度史》，清华大学出版社 2007 年版，第219 页。

学院。这一过程告诉我们，任何事物，一旦时过境迁，不再适应时代需要，必将丧失自身存在的合理性。

　　不过，中世纪英格兰四大法律会馆形式上仍旧保留下来，并保持着部分旧有职能。虽然近代以来，大学法学院迅速占据了法律人才培养的主阵地，但法律会馆特别重视和强调的技能培养与实务训练仍然不失其科学价值与实践意义，依旧是现代法学教育中不可或缺的一条基本原则。更何况，普通法作为一门"技艺"的特色在很大程度上继续保持未变。所以，现代英格兰大学的法科毕业生在进入律师行业之前，仍需要从新兴律师事务所的基层实习生做起，跟随资深出庭律师通过参与具体诉讼提升法律实务能力。这些实习生一边协助出庭律师收集证据、拟定法律意见、整理案例汇编，一边通过耳濡目染向前辈学习法律操作技艺。这种方式和中世纪法律会馆乃至手工作坊中徒弟跟随师傅学手艺几乎一模一样，学习效果完全决定于实习生的天分、勤奋的程度以及带班前辈的责任心。从初级实习生到资深律师同样需要数年之久。所有这些都从实质意义上延续了中世纪法律会馆的学徒制教育模式。

　　此外，法律会馆仍旧被英国人尊为法律的"圣地"和法律职业共同体的家园，继续以法律人自治组织的资格掌管着律师资质认定、就业准入、纪律维护等职业管理权。19世纪后期，四大法律会馆联合决定实行出庭律师资格强制性考试制度，并授权"法律教育理事会"负责选任教师和考官。[1]今天的法律会馆不仅是衔接法学院和普通法实践的纽带，更是法律职业群体的集中代表。随着近代英国海外殖民地的拓展，行会式学徒制成为了美国、加拿大等普通法法

─────────

　　〔1〕　这一时期，美国第一任总统华盛顿的舅父 John Ball 曾任格雷会馆坐凳师傅，我国近代著名外交家、法学家伍庭芳也曾以学徒身份就学林肯律师会馆并取得律师资格。

系国家法律人才培养的基础路径。[1]20 世纪以后，随着世界全球化进程的加快，四大会馆的受训学徒有着遍布五大洲不同国家和民族的背景，几乎成为世界性的"法律人行会"。[2]

总之，法律会馆作为一种特色鲜明的法律机制和法律文化载体，在英格兰历史上曾经辉煌数百年之久，为促进英格兰的法律教育事业乃至法治文明的进步发挥过独特而巨大的作用。如今虽辉煌不再，但其文化价值和深刻影响依然清晰可见。可以断言，这种无形的价值与影响将会持续存在下去，从而有望继续为英格兰乃至人类的法治事业做出新的贡献。

（原文发表于《世界历史》2021 年第 6 期，略有修改）

---

〔1〕 法律会馆对美国、加拿大等国家法律教育的后续影响，See Cecil Headlam, *The Inns of Court*, Adam and Charles Black, 1909, pp. 79 - 80; American Bar Association ed. , "Salute to the Bar of England", *American Bar Association Journal*, Vol. 26, No. 10. , 1940, pp. 772-773; Charles M. Hepburn, "The Inns of Court and Certain Conditions in American Legal Education", *Virginia Law Review*, Vol. 8, No. 2. , 1921, pp. 93-102.

〔2〕 See Lee G. Holmes, "A Visit to the Inns of Court", *American Bar Association*, Vol. 55, No. 1. , 1969, p. 56.

后 记

2023 年初冬的一个午后，我将书稿整理完毕，看一排排铅字躺在书桌上，懒懒晒着太阳。

关注中世纪已逾 15 个年头，期间入燕园、赴欧洲，自己仿佛一只忙碌的工蜂，闷头史料搬运与梳爬的工作。师友们总说，历史首先是关于资料的体验，想来如果没有搬运资料的"体力"，则"体验"又从何谈起呢？

中世纪很遥远。不仅对受到东方文明滋养的我们，而且对欧洲本土的人们，中世纪都仿佛是一位永远不会到访的客——既不与我们在同一个空间维度，更早我们的时代千年，因此对它的认知多半依靠听说和想象力。它的遥远，不仅仅在于时间与空间的差异，史料的欠缺与残破更是给遥远铺上了一层水雾。与中世纪时期作品的对话需要想象力，要在不确信中寻找确信。面对支离破碎的拉丁文残卷和欧洲地方化的语言断片，研究者不得不发动脑力去补全，去倾听，然后又忍不住发问：你们是否真想表达我所读出的意思呢？得到的回应，许多时候难免是一己之见，即便这种见解尽可能以史料为基础，但还是想对难免曲解的古人之意说声抱歉。

这样一个遥远的中世纪，随着研究的进展，呈现出越发清晰的轮廓。无论这种轮廓是来自后世的建构抑或想象，还是本应如此，在图片、资料、文献的不断解说中，中世纪成为可以碰触与讨论的具象物。我们看到，那个时代人们的国家与社会、制度与生活、忧伤与快乐不断重塑起来——他们注重社会制度的优化和基本权利的实现，也执着于日常生计的改善，小市民盼着钟声响起可以早点下班，医生们穿着"鸟头装"与瘟疫对抗，匆忙的文字秘书用羽毛笔将"at"画成了"@"……即便没有互联网和飞机火箭，中世纪的怕与爱，与今天的我们又是何其相似！

历史静默不语，也许每位读者心中都有一个中世纪。小小的一卷书，贻笑大方之家。不揣浅薄，愿一瞥这段没有被遗忘的时光，和邂逅这段时光的你我。

康　宁

2023 年 11 月 15 日于为腹草堂